众阅国学馆【双色版】

鬼谷子

[战国]鬼谷子◎著

冯慧娟◎编

辽宁美术出版社

图书在版编目（CIP）数据

鬼谷子 /(战国) 鬼谷子著 ; 冯慧娟编 . -- 沈阳：
辽宁美术出版社 ,2017.10（2019.6 重印）

（众阅国学馆）
ISBN 978-7-5314-7770-9

Ⅰ.①鬼… Ⅱ.①鬼… ②冯… Ⅲ.①纵横家 Ⅳ.
① B228.01

中国版本图书馆 CIP 数据核字 (2017) 第 261654 号

出 版 社：辽宁美术出版社
地　　址：沈阳市和平区民族北街 29 号　邮编：110001
发 行 者：辽宁美术出版社
印 刷 者：三河市燕春印务有限公司
开　　本：787mm×1092mm　1/32
印　　张：5
字　　数：94 千字
出版时间：2017 年 10 月第 1 版
印刷时间：2019 年 6 月第 4 次印刷
责任编辑：田德宏
装帧设计：彭伟哲
责任校对：郝　刚
ISBN 978-7-5314-7770-9

定　　价：25.00 元

邮购部电话：024-83833008
E-mail：lnmscbs@163.com
http://www.lnmscbs.cn
图书如有印装质量问题请与出版部联系调换
出版部电话：024-23835227

前言

产生于战国中期的《鬼谷子》是一部由鬼谷子讲授，后经苏秦、张仪等人补充、修改而成的集纵横家、兵家、道家、仙家、阴阳家等思想于一体的政治理论著作。其作者鬼谷子的生平已无确考。现存文献中最早提到他的《史记》认为鬼谷子是苏秦、张仪的老师。

《鬼谷子》阐述了战国纵横家所崇尚的权谋策略和言谈辩论技巧。今本《鬼谷子》分上中下三卷。上卷含《捭阖》《反应》《内揵》《抵巇》四篇，中卷含《飞箝》《忤合》《揣篇》《摩篇》《权篇》《谋篇》《决篇》《符言》等八篇，以阴阳捭阖为基础，说的是各种谋略权术的使用，颇适用于竞争环境。下卷含《本经阴符七术》《持枢》《中经》等三篇，其中述盛神、养志、实意、分威、散势、转圆、损兑等，其中自我修炼方法，至今仍有参考价值。

本书编排严谨，校点精当，并配以精美的

插图，以达到图文并茂、生动形象的效果。此外本书版式新颖，设计考究，装帧精美，除供广大读者阅读欣赏外，更具有极高的研究、收藏价值。

目录

鬼谷子	〇〇一
捭阖第一	〇〇二
反应第二	〇〇八
内揵第三	〇一四
抵巇第四	〇二〇
飞箝第五	〇二五
忤合第六	〇二九
揣篇第七	〇三三
摩篇第八	〇三七
权篇第九	〇四二
谋篇第十	〇四九
决篇第十一	〇五七
符言第十二	〇六〇
转丸第十三（亡佚）	〇六六
胠乱第十四（亡佚）	〇六六
本经阴符七术	〇六六
持枢	〇八三
中经	〇八四

目录

附录·智囊（节选） .... 〇九一

上智 .... 〇九二

上智部总叙 .... 〇九二
一、掌握大局 .... 〇九四
二、深谋远虑 .... 一一一
三、以简驭繁 .... 一三〇
四、游刃有余 .... 一四〇

鬼谷子

捭阖第一

【题解】

以开合之道作为权变的根据,并且运用在其游说术中,在与人交谈时,或者拨动游说,或者闭藏观变。游说时拨动对方,即捭之,是为了让对方实力和计谋全部暴露出来,以便正确地估量和判断对方,了解实情,据以说而服之;有时要适当闭藏,即阖之,这是为进一步说服对方而施展的手段。

【原文】

粤若稽古,圣人之在天地间也,为众生之先。观阴阳之开阖以名命物,知存亡之门户,筹策万类之终始,达人心之理,见变化之朕焉,而守司其门户。故圣人之在天下也,自古及今,其道一也。变化无穷,各有所归。或阴或阳,或柔或刚,或开或闭,或弛或张。是故圣人一守司其门户,审察其所先后,度权量能,校其伎巧短长。

【译文】

纵观古今历史,可知圣人生活在天地间,就是做大众的先导者。通过观察阴阳变化可对事物作出判断。把握事物存亡之理,测算万物的发展变化过程,通晓人类思维的规律,揭示事物变化的征兆,从而控制事物发展变化的关键。所以,圣人在世界上始终是奉守大自然阴阳一道的变化规律,并以此驾驭万物的。因为事物的变化虽然无穷无尽,然而都各有自己的归宿。或者属阴,或者归阳;或者柔弱,或者刚强;或者开放,或者封闭;或者松弛,或者紧张。所以,圣人要始终把握万物发展变化的关键,审察它的变化顺序,揣度它的轻重,测量它的能力,再比较技巧方面的优劣。

观阴阳之开阖以名命物。

鬼谷子

【原文】

　　夫贤不肖、智愚、勇怯有差。乃可捭,乃可阖;乃可进,乃可退;乃可贱,乃可贵,无为以牧之。审定有无与其实虚,随其嗜欲以见其志意。微排其所言而捭反之,以求其实,贵得其指;阖而捭之,以求其利。或开而示之,或阖而闭之。开而示之者,同其情也;阖而闭之者,异其诚也。可与不可,审明其计谋,以原其同异。离合有守,先从其志。

【译文】

　　至于贤良和不肖,智慧和愚蠢,勇敢和怯懦都是有区别的。所有这些,可以开放,也可以封闭;可以进升,也可以辞退;可以轻视,也可以敬重,都要仰仗无为来认识考察它们。审察他们的有无与虚实,通过对他们嗜好和欲望的分析来揭开他们的意愿。适当贬抑对方所说的话,当它们开放以后,再反复考察,以便探察实情,切实把握对方言行的实质,让对方先封闭而后开放,以便寻求有利时机。或展开心扉使其显现,或关闭心扉使其隐藏。展开心扉,是因为与对方的情意相同;关闭心扉,是因为与对方的情意不同。判断可行与不可行就是要审定对方的计谋,弄清其中相同与不同的本源。计谋有相一致的,也有不一致的,都要确立自己的意思加以信守,假如可行,要先顺从对方的意思。

【原文】

　　即欲捭之贵周,即欲阖之贵密。周密之贵微,而与道相追。捭之者,料其情也;阖之者,结其诚也。皆见其权衡轻重,乃为之度数,圣人因而为之虑;其不中权衡度数,圣人因而自为之虑。故捭者,或捭而出之,或捭而内之;阖者,或阖而取之,或阖而去之。捭阖者,天地之道。捭阖者,以变动阴阳,四时开闭,以化万物。
纵横反出,反覆反忤,必由此矣。

【译文】

假如要运用展露之术,贵在完备周详;假如要运用闭合之术,贵在隐藏保密。周详保密中最关键在于微妙而与道相伴相随。让对方展露,是为了判断对方的实情;让对方闭合不言,是为了结交对方的诚意。所有这些都是为了让对方的实力和计谋全部暴露出来,以便探测出对方各方面的实力表现,圣人要为此而用心思索;假如不能探测出对方现有实力的程度和数量,圣人会因此为自己考虑出路。因此,所谓开放,或者是要自己出去,或是让别人进来;所谓封闭,或者是通过封闭自我约束,或者是通过封闭使他人离开。开放与封闭是世界上各种事物发展变化的规律。开放和封闭都是为了使事物阴阳对立各方面发生变化,一年四季始行、终结促使万物发生变化。由此可知万物纵横变化,无论是离开、归复、反抗,都是必须通过开放或封闭来实现的。

【原文】

捭阖者,道之大化,说之变也,必豫审其变化。吉凶大命系焉。口者,心之门户也,心者,神之主也。志意、喜欲、思虑、智谋,皆由门户出入。故关之捭阖,制之以出入。捭之者,开也,言也,阳也;阖之者,闭也,默也,阴也。阴阳其和,终始其义。故言长生、安乐、富贵、尊荣、显名、爱好、财利、得意、喜欲,为"阳",曰始。故言死亡、忧患、贫贱、苦辱、弃损、亡利、失意、有害、刑戮、诛罚,为"阴",曰终。诸言法阳之类者,皆曰始,言善以始其事;诸言法阴之类者,皆曰终,言恶以终其谋。

【译文】

开放和封闭是万物运行的现象,是游说活动的形态变化。人们必须首先慎重地考察万物变化,事情的吉凶,人们的命运都系于此。口是心灵之门户,心是精神之主宰。人的志意、欲望、思维、智慧、谋略,都要经过这个门户表达出来,因此要通过展露与闭合之术把握和制约。展露之术,属于公开的、可言及的、阳的方面;闭合之术,属于关闭的、沉默的、阴的方面。阴阳和谐,那么展露和闭合与阴阳处理就很恰当。因此说长生、安乐、富贵、荣誉、名声、爱好、财富、得意、喜欲等,均属于阳的方面,称作开始;因此说死亡、忧患、贫贱、苦辱、毁损、失利、失意、灾害、刑戮、诛罚等,均属于阴的方面,称作终结。凡是那些遵循阳道进行游说的,都称作开始,从谈论有利的方面展开论述;凡是那些遵循阴道展开游说的，都称作终结，从谈论不利的方面作为谋略的终结。

【原文】

捭阖之道，以阴阳试之。故与阳言者，依崇高；与阴言者，依卑小。以下求小，以高求大。由此言之，无所不出，无所不入，无所不可。可以说人，可以说家，可以说国，可以说天下。为小无内，为大无外。益损、去就、倍反，皆以阴阳御其事。阳动而行，阴止而藏；阳动而出，阴隐而入；阳还终阴，阴极反阳。以阳动者，德相生也；以阴静者，形相成也。以阳求阴，苞以德也；以阴结阳，施以力也。阴阳相求，由捭阖也。此天地阴阳之道，而说人之法也，为万事之先，是谓圆方之门户。

【译文】

运用展露与闭合的法则，需要从阴阳两个方面来探测试行。因此与情之阳者交涉时，就要谈论崇高来试探；与情之阴者交涉时，就要谈论卑下来试探。以低下求取卑小，以崇高求取伟大。按这样的方法进行言谈，没有什么事情不可以探出的，没有什么事情不能探索进去，没有什么事情不可能办到。掌握了这种方法就可以去游说一人，游说一家，游说一国，游说天下。做小的事情，没有内的限制，做大的事情，没有外的限制。损益、去就、背叛与复归，皆可以根据阴阳来驾驭。面对阳气，就可以采取行动，面对阴气，就应该停止或闭藏；面对阳气，就展露出去，面对阴气，就隐藏进入。阳气运行最终复归于阴，阴气运行最后返归于阳。以阳气而运动的人，道德就会增长；以阴气安静的人，形势就会生成。以阳气求于阴气，需要以道德来包容；以阴气求于阳气，需要施加以力量。阴阳上下相通相求，是由于遵循展露和闭合的法则。这是天地之间阴阳运行的道理，也是游说的基本法则，是一切事情的前提，也叫作天地之门。

反应第二

【题解】

　　反应术是《鬼谷子》关于获取对方情报的一种方法。这里的反应，与我们现在常说的反应有区别，它专指经过刺探使对方发生的变化。要求通过反复的观察，对认知的客体实情加以探询。为了获取实情，还可以采取各种手段，或者说出某种言辞引诱对方开口，或者采取缄默诱导对方吐露实情，或者从对方言谈举止中见其喜怒哀乐之情，或者反反复复集中探求某一不清楚之处，这就犹如张开一张大网，等待对方落入或直接将对方罩住。有了此法，如探囊取物般可靠，如后羿射箭般准确。

【原文】

　　古之大化者，乃与无形俱生。反以观往，覆以验来；反以知古，覆以知今；反以知彼，覆以知己。动静虚实之理，不合于今，反古而求之。事有反而得覆者，圣人之意也，不可不察。

【译文】

　　古代能以大道化物的圣人，是同无形的"道"共生的。回首观察既往的历史，然后据以向前验证未来；回首了解远古，然后据以了解当代；首先认识他人，然后据以认识自己。动静虚实的道理，如果于今不合，就要回溯到古代去寻找。事情往往有求助于"反"而得到"覆"的钥匙的，这便是圣人的方法，不可不认真考察。

古之大化者，乃与无形俱生。

【原文】

　　人言者，动也；己默者，静也。因其言，听其辞。言有不合者，反而求之，其应必出。言有象，事有比。

其有象比,以观其次。象者象其事;比者比其辞也。以无形求有声。其钓语合事,得人实也。其犹张置网而取兽也,多张其会而司之。道合其事,彼自出之,此钓人之网也,常持其网驱之。其不言无比,乃为之变。以象动之,以报其心,见其情,随而牧之。己反往,彼覆来,言有象比,因而定基。重之袭之,反之覆之,万事不失其辞。圣人所诱愚智,事皆不疑。

【译文】

别人讲话,处于动态,自己沉默,处于静态。所以要根据别人的话来分析他的辞意。如果别人的话有不合理的地方,可反过去诘难他,那么对方必定会有应对之辞。语言有其可形容的形象,事理亦有其可类比的规范。既然语言有可形容的形象,事理有可类比的规范,就可以观察下一步的言行。所谓"象",就是要用事物来模仿;所谓"比",就是要用辞意相比较。要把无形的玄理用有声的语言表现出来。诱导别人说出来的语言与事理相合,也就得到了实情。这就像张开网逮野兽一样,多张一些网,汇集而来的野兽就会多些。如果把捕野兽的方法用在人事上,只要方法合宜,对方就会自己"出来",这就是钓人的"网"。要经常拿着这个"网"追逐对方。如果从对方的言辞上不能进行比较，就要改变方法。用"形象"的手段，使之感动，以体会对方的思想、情感，进而控制对方。自己返回去，对方再度来，双方言辞均有形象、类比，于是心中就有数了。反复地用言语攻击、偷袭对方，事虽万变但不失于"言辞"，用"言辞"申明大道。圣人以此诱导感化愚人、智者，使万事不容置疑。

【原文】

故善反听者，乃变鬼神以得其情。其变当也，而牧之审也。牧之不审，得情不明；得情不明，定基不审。变象比，必有反辞，以还听之。欲闻其声反默，欲张反敛，欲高反下，欲取反与。欲开情者，象而比之，以牧其辞，同声相呼，实理同归。或因此，或因彼，或以事上，或以牧下，此听真伪，知同异，得其情诈也。

动作言默，与此出入，喜怒由此

故善反听者，乃变鬼神以得其情。

以见其式，皆以先定为之法则。以反求覆，观其所托，故用此者。己欲平静以听其辞，察其事，论万物，别雄雌。虽非其事，见微知类。若探人居其内，量其能射其意。符应不失，如螣蛇之所指，若羿之引矢。

【译文】

故而善于从反面听别人言论，这可以改变鬼神，而刺探到实情。他们随机应变很得当，对对手的控制也很周密。如果控制不周密，得到的情况就不明了；得到的情况不明了，心里底数就不实。要把形象和类比灵活运用，就要会说反话，以便观察对方的反映。想要听别人讲话，自己就要沉默；想要敞开，就要先收敛；想要升高，就要先下降；想要获取，就要先给与。要想了解对方的内情，就要运用模仿和类比的方法，以便把握对方的言辞。同类的声音可以彼此呼应，合乎实际的道理会有共同的结果。或者由于这个原因，或者由于那个原因；或者用来侍奉君主，或者用来管理下属。这就要分辨真伪，了解异同，以分辨对手是真实情报还是诡诈骗术。

活动、停止、言说、沉默都要通过这些表现出来，喜怒哀乐也都要借助这些模式，都在事先确定法则。用反向形式来得到对方的回应，以观察其寄托，所以用这种反向思维的方法。自己要平静，以便听取对方的言辞，考察事理，论说万物，辨别雄雌。虽然没有论及事情本身，但是可以根据细微的征兆，探索出同类的事物。就像刺探敌情就要深居敌境，估计敌人的能力，再摸清敌人的意图，像验合符契一样可靠，像飞龙一样神速，像后羿张弓射箭一样准确。

【原文】

故知之始己，自知而后知人也。其相知也，若比目之鱼；其见形也，若光之与影。其察言也不失，若磁石之取针，如舌之取燔骨。其与人也微，其见情也疾。如阴与阳，如圆与方。未见形，圆以道之，既见形，方以事之。进退左右，以是司之。己不先定，牧人不正，事用不巧，是谓忘情失道；己审先定以牧人，策而无形容，莫见其门，是谓天神。

【译文】

所以要想掌握情况，要先从自己开始，只有了解了自己，然后才能了解别人。以此了解别人，就像比目鱼一样见此知彼；以此明了对方的情形，就像光和影子一样不走样。分析他人的言论而不偏颇失误，就如同磁石吸针一样没有差失，如同舌头吸取焦骨一样得心应手。自己暴露给他人的微乎其微，但却能迅疾地洞悉他人情况的变化。处理上下级关系的准则，就如同阴与阳、圆与方的关系一样相辅相成。在对方的基本情况未暴露之前,就应该用圆的道理来导引他;基本情况明朗以后,就应该用方的道理去控驭他。用人之道,无论升迁、黜退、贬左、崇右,都应该用"圆"和"方"的道理来操作。如果不首先制定出方圆进退的法则,管理下属就不可能公正

策而无形容,
莫见其门,是谓天神。

有序。如果不掌握用人的法则和技巧,就会既丧失人伦情谊,又丧失事业成功的机会。首先制定出周密的方略,据此去控驭自己的下属,就能收功于无形之中,下属不识其方略的形容、门户,却在不知不觉之中按照方略的指挥行动,这可称之为"天神"。

内揵第三

【题解】

　　内揵术是《鬼谷子》关于进献说辞和谋略的方法,主要论述了领导者与被领导者之间的关系。"内",就是使人采取自己的计策;"揵",就是设法坚持自己的计策,可以以情动人,以理动人。要使说辞和谋略得到采用,必先拉近与游说对象的关系,

使情投意合，一旦情投意合，就会"远而亲""遥闻声而相思"，一时意气相离，就会"近而疏""日进前而不御"，正所谓伴君之理微妙玄奥。臣子既要使人采纳计策，又要掌握分寸、进退有度，这样才能掌握主动权，可以进，可以退，可以坚持，也可以放弃，可以进退自如。

【原文】

君臣上下之事，有远而亲、近而疏，就之不用，去之反求，日进前而不御，遥闻声而相思。事皆有内揵，素结本始。或结以道德，或结以党友，或结以财货，或结以采色。用其意，欲入则入，欲出则出；欲亲则亲，欲疏则疏；欲就则就，欲去则去；欲求则求，欲思则思。若蚨母之从子也，出无间，入无朕，独往独来，莫之能止。

【译文】

君臣上下之间的事情，有的距离很远却很亲密，有的距离很近却很疏远。有的留任在身边却不使用他，有

出无间，入无朕，
独往独来，莫之能止。

的离任以后反受聘请。有的天天都能见到君主却不被信任,有的离君主十分遥远却被思念。大凡事物内部都有规律,任何平常的东西都与本源相结合。或者用道德相结合,或者用朋党相结合,或者以财货相结合,或者靠美色相结合。做臣下的意见一旦被君王所采纳,得到了君王的信任,那么无论留内做官还是出外做官,无论亲近还是疏远,或有所去,或有所就,或有所求,或有所思,都可随心所欲。就如同蚨这种动物的母亲完全依从自己的孩子一样,出无间隙,入无朕迹,独往独来,没有什么人能够阻止了。

【原文】

内者,进说辞也;揵者,揵所谋也。欲说者,务隐度,计事者,务循顺。阴虑可否,明言得失,以御其志。方来应时,以合其谋。详思来揵,往应时当也。夫内有不合者,不可施行也。乃揣切时宜,从便所为,以求其变。以变求内者,若管取揵。

言往者,先顺辞也;说来者,以变言也。善变者,审知地势,乃通于天,以化四时;使鬼神,合于阴阳,而牧人民。见其谋事,知其志意。事有不合者,有所未知也。合而不结者,阳亲而阴疏。事有不合者,圣人不为谋也。

【译文】

所谓"内",就是采纳意见;所谓"揵",就是进献计策。想要说服他人,务必要先暗中揣测;谋划事情,务必要循序渐进,因势利导,顺其自然。在向君王提建议前,要事先加以考虑,看其是否可行,之后再向君王提出来,并分析它的利弊得失,以便影响君王的意志,使他言听计从。因此,用捭阖纵横之术来向君王进言是很合时宜的,可以与君王的谋划相合。谋臣们经过详细的思考后再来进言,就可以顺应形势,因势利导。有些事情的说法和君王的想法不符合的,就不可以施行。这就需要揣摩估量时宜,根据情况的变化来修正一些说法,使自己的建议在君王认可的情况下得以实施。用变化来求得主张被君王采纳,就像用钥匙开锁一样容易顺理成章地被君王接受。

凡是谈论过去的事情,要先有顺畅的言辞;凡是谈论未来的事情,要采用变通的言辞。善于变化的人,要详细了解地理形势,只有这样,才能沟通天道,化育四时,驱使鬼神,附合阴阳,统治人民。要善于了解君王谋划的事情,要明白君王的主张和意图。之所以有不合君王之意的主张,是因为对君王的想法还有不太了解的地方。有时君臣意见一致了,而不能配合默契,心心相印,是因为臣下只停留于表面亲近这层关系上,实际在情感上有很大距离。所以,如果与君王的意见不吻合的话,圣人是不会为其谋划的。

【原文】

故远而亲者,有阴德也;近而疏者,

志不合也。就而不用者，策不得也；去而反求者，事中来也。日进前而不御者，施不合也；遥闻声而相思者，合于谋以待决事也。故曰：不见其类而为之者见逆；不得其情而说之者见非。得其情，乃制其术。此用可出可入，可揵可开。

【译文】

所以说，与君王看似距离很远实际却很近的人，是因为能与君王心意暗合；看似关系亲密实际却很疏远的人，是因为与君王的志向并不一致；身居官位却不被重用的人，是因为他的计谋没有实际效果；革职离去而能再被反聘的人，是因为他的主张被实践证明可行；每天都能出入君王面前，却不

得其情，乃制其术。

被信任的人，是因为他的举动不相合；远在他方却被君王经常想起的人，是因为其主张与君王相合，因此君王期待他们回朝来决断大事。所以说，在情况还没有明朗时就去游说的人，定会事与愿违；在还不掌握实情的时候就去游说的人，定要受到非议。只有了解情况，再依据实际情况确定方法，这样去推行自己的

主张,才可以来去自如,开阖有致。进可以劝谏君王,坚持己见;退可以改换主张,随机应变。

【原文】

故圣人立事,以此先知而捷万物,由夫道德、仁义、礼乐、忠信、计谋。先取《诗》《书》,混说损益,议论去就。欲合者用内;欲去者用外。外内者必明道数。揣策来事,见疑决之。策而无失计,立功建德。治名入产业,曰揵而内合。上暗不治,下乱不寤,揵而反之。内自得而外不留,说而飞之。若命自来,己迎而御之。若欲去之,因危与之。环转因化,莫知所为,退为大仪。

【译文】

圣人立身处世,就是依据此理而有先见之明,议论万事万物。其先见之明来源于道德、仁义、礼乐和计谋。首先是《诗经》和《尚书》的教诲,再综合分析利弊得失,最后讨论是就任还是离职。要想与人合作,就要在内部努力;要想离开现职,就要把力量用在外面。处理内外大事,必须先明确理论和方法,会预测未来,并善于在各种疑难处当机立断。在运用策略时没有失误,从而建立功业和积累德政。管理百姓,要使他们从事生产事业,这叫做内部安定,团结一致。君王昏庸不能治理朝政,朝臣混乱不明白自己的职责,做君王的仍然执迷不悟,那么君王就可能被臣下所控制。那些自以为圣贤的君王,往往自以为是,对外不能接受贤者的谏言,只能听进歌功颂德之辞,陶醉在一片虚假的欢呼声中。如果朝廷有起用的诏命来,就应欣然受命,以施展自己的志向;如果另有所慕,

环转因化,莫知所为,
退为大仪。

不愿合作,就要利用国家政权行将倾覆的时机,将政权交还君王。去就之际,要反复权衡,行为要同圆环物体的旋转般周严,因情制变,使他人搞不清自己的真实意图。如此才算真正掌握了进退的秘诀了。

抵巇第四

【题解】

抵巇术是《鬼谷子》关于弥补缝隙的一种方法。任何事物都会出现裂痕,小的裂痕会酿成大的裂隙。而裂隙出现是有征兆的,故要防微杜渐,在裂隙的萌芽状态时就要"抵"住。

【原文】

物有自然，事有合离。有近而不可见，有远而可知。近而不可见者，不察其辞也；远而可知者，反往以验来也。

巇者，罅也。罅者，㵎也。㵎者，成大隙也。巇始有朕，可抵而塞，可抵而却，可抵而息，可抵而匿，可抵而得，此谓抵巇之理也。

【译文】

万物都有它们自然存在的规律，事情都有它们自然离合的道理。有的距离很近却看不见，有的距离很远却能知其然。距离近的所以看不见，那是由于习而不察对方虚实的缘故；距离远的所以能知道，那是因为以过往来反验将来的缘故。

所谓"巇"就是"瑕罅"，而罅就是裂痕，小裂痕会变成大瑕罅。当裂痕刚出现时，常有预兆，

物有自然，事有合离。

就应该设法加以对付堵塞，使其变小，使其不再扩展，使其消失，并从而有所获，这就是抵巇的原理。

【原文】

事之危也，圣人知之，独保其身。因化说事，通达计谋，以识细微。经起秋毫之末，挥之于太山之本。其施外，兆萌芽蘖之谋，皆由抵巇。抵巇之隙，为道术用。

【译文】

当事情发生危机时，圣人是知道的，而且能独自维护其自身。利用事物变化的原理说明事情的原委，并且能通达各种谋略，以观察敌手的一举一动。万物都是从秋毫之末开始的，但是成功之后根基却能如泰山，宏伟壮观。当这种圣人的德政推行外方后，那么奸邪小人一切阴谋诡计，都被排斥，乃至于消灭。可见抵巇敌人就是一种道术。

【原文】

天下纷错，士无明主，公侯无道德，则小人谗贼，贤人不用，圣人窜匿，贪利诈伪者作，君臣相惑，土崩瓦解而相伐射，父子离散，乖乱反目，是谓萌芽巇罅。

圣人见萌芽巇罅，则抵之以法。

世可以治则抵而塞之；不可治则抵而得之。或抵如此或抵如彼。或抵反之，或抵覆之。五帝之政，抵而塞之；三王之事，抵而得之。诸侯相抵，不可胜数，当此之时，能抵为右。

【译文】

天下纷乱，士人无明君，公侯无道德，小人嚣张狂妄，贤能之人不被任用，圣人逃匿，贪赃枉法者兴风作浪，君臣互相猜疑，国家纲纪土崩瓦解，以致百姓互相攻战杀伐，民不聊生，流离失所，骨肉分离，夫妻反目，这就是"裂痕出现"。

当圣人看见这种裂痕之后，就要采取相应的手段去对付这种局面。圣人认为：国家能够治理，就要对反叛者加以抵抗消灭；不可治理就对之彻底改造，使之获得新生。或这样对付，或那样对付，或使反叛者归正，或使反叛者消亡。五帝时代，世事尚可治理，所以用抵塞漏洞的办法来挽救；三王更替之时，世事已不可

世可以治则抵而塞之，
不可治则抵而得之。

挽回，所以就通过抵巇的途径来获取它。纵观历史，诸侯攻伐兼并之事不可胜数。当此之时（指七雄逐鹿之时），以能攻善伐为上。

【原文】

自天地之合离、终始，必有巇隙，不可不察也。察之以捭阖，能用此道，圣人也。圣人者，天地之使也。世无可抵，则深隐而待时；时有可抵，则为之谋。此道可以上合，可以检下。能因能循，为天地守神。

【译文】

天地间有离、合、终、始的变化运动，人事也必然会有不利人事发展的裂痕发生。谋臣策士不可不详加考察。能巧妙地运用"捭阖"之术的谋臣策士才称得上为圣人。所谓圣人，就是天地的使者。世道太平，没有什么裂痕需要抵塞，就深隐以待；世事发生了裂痕，就要挺身而出，谋划抵塞的方略。这方略或是协助君王恢复盛世，或是通过抵塞而检约民众。能够遵循抵巇的法则，就可以立于不败之地，成为天地的守护神。

飞箝第五

【题解】

飞箝之术是《鬼谷子》论辩术的一个重要方法。飞是褒扬激励，箝是挟制，所谓飞箝，就是以激励、褒扬或牵持缄束的言语去收服人心，使对方为我所用。飞箝的目的多种多样，主要是为了考察人，考察其能力、权变，辨别真伪是非。得人才能治天下，用人不当又可能误天下。所以考察人才要善于运用各种方法套引实情，可以先诱导对方发言，将需要的实情诱导出来，马上抓住不让对方收回。如果诱导不出，还可以进行威胁、利诱，达到钳制的目的。飞箝之术可以用之于人与人之间的关系，也可以运用于分析各国天时、地利及人和等各方面情况，达到与对方建立密切关系的目的，还可以运用于合纵或者连横。反复运用，灵活自如。

【原文】

凡度权量能，所以征远来近。立势而制事，必先察同异、别是非之语，见内外之辞，知有无之数，决安危之计，定亲疏之事，然后乃权量之。其有隐括，乃可征，乃可求，乃可用。引钩箝之辞，飞而箝之。钩箝之语，其说辞也，乍同乍异。其不可善者，或先征之而后重累；或先重以累而后毁之。或以重累为毁，或以毁为重累。其用或称财货、琦玮、珠玉、璧帛、采色以事之,或量能立势以钩之,或伺候见涧而箝之,其事用抵巇。

【译文】

只要善于揣度人的智谋,考量人的才干,就能吸引远近人才。要造成一种声势,使事情获得成功,就得先观察人们相同和不同之处,区别议论的是与非,了解对内对外的各种进言,掌握其真假,决定事关安危的计谋,确定与谁亲近和与谁疏远。然后再看看这样做的利弊得失。衡量这些关系时,如果还有不清楚的地方,就要进行研究,进行探索,使之为我所用。借用引诱使对方说出真情,然后通过恭维来箝住对手。钩箝之语是一种游说辞令,其特点是忽同忽异。对于那些没法控制的对手,或者先对他们威胁利诱,然后再对他们反复试探;或者先对他们反复试探,然后再摧毁他们;或者在反复考验中,毁灭对方,或者把摧毁对方作为反复考验。想要重用某些人时,可先赏赐财物、珠宝、玉石、璧帛和美色,以便对他们试探;或者通过衡量其才能创造气氛,来吸引他们;

凡度权量能,所以证远来近。

或者通过寻找机会来控制对方，在这个过程中要运用抵巇之术。

【原文】

将欲用之于天下，必度权量能，见天时之盛衰，制地形之广狭，岨崄之难易，人民货财之多少，诸侯之交孰亲孰疏、孰爱孰憎，心意之虑怀。审其意，知其所好恶，乃就说其所重，以飞箝之辞，钩其所好，以箝求之。

【译文】

如果想用飞箝之术辅佐君王，就必须首先测度君王的权略，衡量帝王的才能，洞见天时的盛衰，考察地形的广狭、险阻、难易，人民财货的多少，以及同诸侯的外交关系哪一方亲，哪一方疏，哪一方爱，哪一方憎，以及他心中所思虑介怀的事情。观察他的意图，知道其喜好和憎恶，然后因之游说国君所看重的事情，用飞箝的言辞，钩住君王的喜好，然后用箝挟的手段来求取他实行自己的主张。

【原文】

用之于人，则量智能，权材力，料气势，为之枢机。以迎之随之，以箝和之，以意宣之。此飞箝之缀也。

【译文】

如果把"飞箝"之术用于他人,就要揣摩对方的智慧和才能,度量对方的实力,估计对方的势气,然后以此为突破口与对方周旋,进而争取以"飞箝"之术达成妥协,有意识地适应对方,这就是"飞箝"的秘诀。

【原文】

用之于人,则空往而实来,缀而不失,以究其辞。可箝而从,可箝而横;可引而东,可引而西;可引而南,可引而北;可引而反,可引而覆。虽覆能复,不失其度。

【译文】

如果把"飞箝"之术用于外交,可用华美的辞藻套出对方的实情,保持联系,勿使失误,以便考究他表达的辞令。这样就可以把握关键实现合纵,也可以实现连横;可以引而向东,也可以引而向西;可以引而向南,也可以引而向北;可以引而返还,也可以引而复去。虽然如此,还是要小心谨慎,不可丧失其节度。

忤合第六

【题解】

忤合术是《鬼谷子》关于对立与顺合的方法。相背为忤,相向为合。世界上"趋合"与"倍反"是普遍存在的,运用到不同的事件上有不同的方法,而且同一事件的不同阶段也应用不同的方法。"趋合"与"倍反"有时又互相转化,圣明的人应该掌握这一规律,把握合忤之道,或者合于此忤于彼,或者合于彼忤于此,这种合忤之术大而言之可以协四海、包诸侯,小而言之可以运用到与人的交往。

【原文】

凡趋合倍反,计有适合。化转环属,各有形势,反覆相求,因事为制。是以圣人居天地之间,立身、御世、施教、扬声、明名也,必因事物之会,观天时之宜,因知所多所少,以此先知之,与之转化。

【译文】

大凡联合与对抗的行动,都有相应合宜的计策。变化和转移就像铁环一样连锁而无中断。然而,变幻着的事物各有具体情况,彼此间互相依赖,要根据实际情况处理。圣人生活在世界上,立身处世,教化众人,扩大影响,宣扬名声必须根据事物之间的联系,来观察天时,抓住有利时机,因而知悉哪些方面有余,哪些方面不足,据此先把握实质,并设法促进事物向有利的方面转化。

【原文】

世无常贵,事无常师。圣人无常与,无不与,无所听,无不听。成于事而合于计谋,与之为主。合于彼而离于此,计谋不两忠,必有反忤。反于此,忤于彼;忤于此,反于彼。其术也,用之于天下,必量天下而与之;用之于国,必量国而与之;用之于家,必量家而与之;用之于身,必量身材能气势而与之。大小进退,其用一也。必先谋虑计定,而后行之以飞箝之术。

【译文】

世上没有永恒的尊贵,做事也没有令人永恒效法的榜样。圣人无所与而无不与,无所听而无不听。如果料定某人事业一定会成功,又有正确的实施方略,那么就与众人拥立他做自己的君主。与彼君合作,必然与此君分离,所以一谋不能全两忠,这其中必有顺合与反逆的道

合于彼而离于此,计谋两不忠。

理存在。意欲顺合于此，必定反逆于彼；意欲反逆于此，必定顺合于彼。如果要把这种"合忤之术"运用到经营天下方面，就必须衡量天下事业的有无，然后决定顺合或反逆的归属；如果要把"合忤之术"运用到经营封国方面，就必须衡量封国事业的有无，然后决定顺合或反逆的归属；如果要把"合忤之术"运用到治理家族方面，就必须衡量家族事业的有无，然后决定顺合或反逆的归属；如果要把"合忤之术"运用到自身能力的发挥方面，就必须衡量自身才能气势，然后决定顺扬什么、排抑什么。"合忤之术"的运用，虽然有大小进退的区别，但其或顺合或反逆的道理是一贯的。将要运用合忤之术，必须先定计谋，然后实行，同时还需用"飞箝之术"作为辅助手段。

【原文】

古之善背向者，乃协四海，包诸侯，忤合之地而化转之，然后求合。故伊尹五就汤，五就桀，而不能有所明，然后合于汤；吕尚三就文王，三入殷，而不能有所明，然后合于文王。此知天命之箝，故归之不疑也。非至圣达奥，不能御世；非劳心苦思，不能原事；不悉心见情，不能成名；材质不惠，不能用兵；忠实无真，不能知人。故忤合之道，己必自度材能知睿，量长短远近孰不如。乃可以进，乃可以退，乃可以纵，乃可以横。

【译文】

古代那些善于以背离一方、趋向一方而横行天下的人，常常驾驭着四海之内的各家势力，控制各个诸侯，在"忤合"中促成转化，然后达到"合"于圣贤君主的目的。过去伊尹五次臣服商汤，五次臣服夏桀，然后才决定一心臣服商汤王。吕尚三次臣服周文王，三次臣服殷纣王，其行动目的仍未显露于世人，最后归服了周文王。这就是懂得天命的制约，所以才能归顺一明主而毫不犹豫。如果不具备高尚的品德，超人的智慧，就不可能驾驭天下；如果不用心冥思就不可能揭示事物的规律；如果不全神贯注地考察事物的实情，就不可能功成名就；如果才能、胆量都不足，就不能统兵作战；如果只是愚忠呆实而无真知灼见，就不可能有察人之明。所以，"忤合"的规律是：首先估量自我聪明才智，度量自身的优劣长短，分析在远近范围内还比不上谁。这样就可以前进，可以后退；可以合纵，可以连横了。

揣篇第七

【题解】

揣术是《鬼谷子》推测对方心理的方法。"揣",即揣情的意思,让人忖度人情、事理以便推测出事物发展的方向,权衡事物的得失、利弊。其要旨在掌握对方隐情,包括能力、权变、憎恶等。尤其是治理国家、统治天下的人,一定要先度量天下各方面权变,比如国家财富多少,人民富裕还是匮乏,诸侯各国之间谁与谁亲密,谁与谁疏远,百姓人心向背如何等,这样才能治国安邦。在人际交往中也要进行细致入微的观察,然后制定谋略计策。

【原文】

古之善用天下者,必量天下之权而揣诸侯之情。量权不审,不知强弱轻重之称;揣情不审,不知隐匿变化之动静。何谓量权,曰:度于大小,谋于众寡。称财货有无之数,料人民多少,饶乏有余不足几何;辨地形之险易,孰利孰害;谋虑孰长孰短;揆君臣之亲疏,孰贤孰

量天下之权,揣诸侯之情。

不肖；与宾客之知慧，孰少孰多；观天时之祸福，孰吉孰凶；诸侯之交，孰用孰不用；百姓之心，去就变化，孰安孰危，孰好孰憎。反侧孰辩，能知此者，是谓权量。

【译文】

古时候，善于治理天下的人，必然会审慎地把握国家的发展趋势，揣度各诸侯国的具体情形。如果不能周密切实地审时度势，权衡利害，就不会知道诸侯国的强弱情况。如果不能周密地揣度形势，便不知道个中隐蔽的情况的发展变化。什么叫权衡得失呢？就是能准确揣测（对方）大与小，明察多与少，衡量财货有与无，预测百姓众与寡，丰足与贫乏，不足与有余各有多少。（在战争中）分辨山川地貌的险要与平易，哪处于己有利，哪处于己有害，（研究计策时），哪个是长策，哪个是权宜之计。在君臣亲疏关系中，要知道哪些人贤德，哪些人不正派；在谋士与宾客中，哪个足智多谋，哪个是平庸之才。考察命运的福祸时，什么是吉利的，什么是凶险的；与诸侯交谊中，谁是可以效力的，谁是不能效力的；在判断老百姓的心理趋向时，哪种是平安的，哪种是具有危险的，什么是老百姓喜好的，什么是老百姓厌恶的。只有知道这些反反复复的情形如何分辨，在准确地把握上述事态发展变化之后，才能称为审时度势，权衡利弊得失。

【原文】

　　揣情者,必以其甚喜之时,往而极其欲也,其有欲也,不能隐其情;必以其甚惧之时,往而极其恶也,其有恶也,不能隐其情。情欲必出其变。感动而不知其变者,乃且错其人,勿与语而更问其所亲,知其所安。夫情变于内者,形见于外,故常必以其见者而知其隐者。此所以谓测深揣情。

【译文】

　　揣摩人情,游说人主的谋士,应在对方最高兴的时候去游说,要使其愿望极度膨胀。只要对方有欲望,他就不能隐瞒事物的真实情况。而应在对方怀疑,戒惧时去游说他,则要使其对所厌恶的事情恨至极点。倘若对方有所厌恶的事,此时也不会隐瞒其真实情况。(因为)对方在有欲求的时候,意愿常会反映在他们外在神态变化之中。如果对方有所感动,却不显露在外部神态中,可先不要着急,不要与他直面地讨论,可与他说一些另外他能熟悉的东西,说一些使他感到亲近的事情,就可以知道他安身立命不露神色的依据。一般地说来,心中的欲求,能形之于外部神态,因此,不时地察颜观色,就能知道人的心灵深处的欲求。这就是所谓"测深揣情"。

【原文】

故计国事者,则当审权量;说人主,则当审揣情。谋虑情欲必出于此。乃可贵,乃可贱;乃可重,乃可轻;乃可利,乃可害;乃可成,乃可败。其数一也。故虽有先王之道,圣智之谋,非揣情,隐匿无所索之。此谋之大本也,而说之法也。常有事于人,人莫能先,先事而生,此最难为。故曰揣情最难守司,言必时有谋虑。故观蜎飞蠕动,无不有利害,可以生事。美生事者,几之势也。此揣情饰言成文章,而后论之也。

【译文】

因而决策国家大事的人,必须会权衡得失利弊;同理,游说人主的谋士,也必须会揣摩人主的心理。策划、谋略、探察人的欲求,均同此理。揣情之术,可以使人富贵,也可以使人贫贱;可以使人有重权,也可以使人微不足道;可以使人受益,也可使人受害;可以使人成功,也可以使人失败。这些都是揣情之术产生的后果。所以,即使有贤明君王的大德,有上智之人的聪慧,若无忖度时势,探人心理的揣情之术,面对着隐藏了的真实情况,也依然不能识破它。由此可知,揣情之术是策划事物的基本条件,游说人主的基本法则。事情发生在人们面前,人们往往难以事先预料。(事先预料)是一般人难以做到的。所以说揣情之术是最难以把握运用的。揣情之时,必须根据不同时势、情态作出判断。在现实中,连昆虫的飞行与蠕动,都是按照自身的生理规律存在,应变于环境。世上万物都是利害共生,而且全在变化之中。事情一开始,都会产生一种微小的态势。揣情者,就要用合情合理的言词装饰成文章,而后再与对方论说。

摩篇第八

【题解】

摩,即"摩意",揣摩。研究、推测事情。摩之术,即是对揣情所获得的信息进行分析、辨别、剔除、归类、整理、寻绎,从而把握对方心理、嗜欲、意图、决策等的心理预测术。摩意是揣情的接续步骤,"摩"篇是"揣"篇的姊妹篇。

【原文】

摩者,揣之术也。内符者,揣之主也。用之

苏秦

摩者,揣之术也。内符者,揣之主也。

有道，其道必隐。微摩之，以其所欲，测而探之，内符必应。其所应也，必有为之。故微而去之，是谓塞窌、匿端、隐貌、逃情，而人不知。故能成其事而无患。摩之在此，符应在彼。从而用之，事无不可。

【译文】

所谓"摩"是一种与"揣情"相类似的方法。内心活动是"揣"的对象。进行"揣情"时，有"揣"的规律可依，而这些规律却是隐而不现的。适当地去"摩"时，要根据对方欲望投其所好进行测探，其内情就会通过外部形象反映出来。内在的感情要表现出来，必然要有所作为。在"揣摩"之后，要适当地离开对方，像把地窖盖上一样隐藏起来，消除痕迹，伪装外表，回避实情，使人无法知道是谁办成的这件事。这样，办成了事，却不会留祸患。在此处"揣摩"对方，而要在另一处观察对方表现，顺应事物规律，及对方表现的心意，则办事无所不成。

【原文】

古之善摩者，如操钩而临深渊，饵而投之，必得鱼焉。故曰主事日成而人不知，主兵日胜而人不畏也。圣人谋之于阴，故曰神；成之于阳，故曰明。所谓主事日成者，积德也，而民安之不知其所以利；积善也，民道之不知其所以然,而天下比之神明也。主兵日胜者,常战于不争不费,而民不知所以服,不知所以畏,而天下比之神明。

【译文】

古代善于"摩"的人,就像拿着钓钩到水潭边上去钓鱼一样,只要把带着饵食的钩投入水中,就一定可以钓到鱼。所以说,主办的事情一天天成功,却没有人察觉;主持的军队日益压倒敌军,却没人感到恐惧。圣人谋划什么行动总是在暗中进行的,所以被称为"神";而办事成功都显现在光天化日之下,所以被称为"明"。所谓做事每每取得成功的原因,首先在于广积德政,人民得以安居乐业,却不知道获得这种利益的原因;其次是多行善事,而人民在不知不觉之中得到教化。天下就把这样的统治艺术比喻为"神明"。所谓用兵打仗每每取得胜利的原因,则在于主持兵事的人常常不起师旅、不费国用,就能征服敌手,而人民却不知道所以能畏慑征服敌手的原因,天下就把这样的用兵艺术比喻为"神明"。

【原文】

其摩者,有以平,有以正,有以喜,有以怒,有以名,有以行,有以廉,有以信,有以利,有以卑。平者,静也;正者,宜也;喜者,悦也;怒者,动也;

名者,发也;行者,成也;廉者,洁也;信者,期也;利者,求也;卑者,谄也。

【译文】

揣摩的方式,有的以平和,有的以正直,有的以喜悦,有的以激怒,有的以名誉,有的以行动,有的以廉洁,有的以信义,有的以利益,有的以谦卑。平就是平静,正就是正直,喜就是取悦,怒就是激励,名就是名誉,行就是成功,廉就是廉洁,信就是守信,利就是利益,卑就是韬晦。

【原文】

故圣人所以独用者,众人皆有之,然无成功者,其用之非也。故谋莫难于周密,说莫难于悉听,事莫难于必成。此三者,唯圣人然后能任之。故谋必欲周密,必择其所与通者说也。故曰或结而无隙也。夫事成必合于数,故曰道数与时相偶者也。说者听必合于情,故曰情合者听。故物归类,抱薪趋火,燥者先燃;平地注水,湿者先濡。此物类相应,于势譬犹是也。此言内符之应外摩也如是。故曰摩之以其类焉,有不相应者,乃摩之以其欲,焉有不听者?故曰独行之道。夫几者不晚，成而不拘，久而化成。

【译文】

所以，尽管只有圣人才善运用的以上十种方式，普通大众也都曾运用过，然而，于事不能成功的原因在于运用的方法不得当。所以筹划方略最难的莫过于周密；向人游说最难的莫过于使对方全部听从；做事最难的莫过于每一步都必定成功。以上三项，唯有圣人，才能做得到。所以说，筹划方略要想做到周密，就必须选择那些与自己志同道合的人进行论说。所以说，虽与别人结连而无嫌隙。要想使所主持之事取得成功，必须有适当的方法。所以说客观规律是与天时互相依附的。进行游说的人必须使自己的说辞合于情理，合情合理才有人听。世界上万事万物都有各自的规律。好比抱着柴草向烈火走去，干燥的柴草就首先着火燃烧；往平地倒水，湿的地方就要先存水。这些都是与事物的性质相适应的。以此类推，其他事物也是这样的。这就是"内符"与"外摩"相适应的道理。所以说按着事物的不同特性来实施"摩"之术，哪有不发生反应的呢？根据被游说者的欲望而施行"摩"之术，哪有不听从游说的呢？所以说只有圣人最能实行揣摩之术。大凡通晓机微的人都会把握好时机，有成绩也不居功，天长日久就一定取得成功。

权篇第九

【题解】

权者，权衡、审察之意，即审度形势以进游说之辞。也可以解释为，权，即权宜、权变，指善于权宜局势、随机应变地设置说辞、辩辞。总之，本篇"权"之术，主要论述的是游说的原则、方法，与通常意义上人们所说的"权术"不是一回事儿。《鬼谷子》认为说话是有技巧的，其技巧可以掩饰内容：说奉承话的人，由于会吹嘘可以变成智，说平庸话的人，由于能果决就变成勇，说忧虑话的人，由于善权变就变成信；说冷静话的人，由于善逆反而变成胜。而且有时候，"口可以食，不可以言"，因为随便讲话会伤害人。所以说话时说到对方长处可以加以张扬，说到对方短处要有所忌讳。而且还要看人说话，"与智者言，依于博"，"与贱者言，依于谦"，"与勇者言，依于敢"，等等。掌握了这些技巧就能雄辩天下，无有不服。

【原文】

说者，说之也；说之者，资之也。
饰言者，假之也；假之者，益损也。
应对者，利辞也；利辞者，轻论也。
成义者，明之也；明之者，符验也。
言或反覆，欲相却也。难言者，却论也；却论者，钓几也。

【译文】

所谓"游说"就是对人进行劝说。对人进行游说的目的,就是说服人啊。游说者要会粉言饰词,用花言巧语来说服他人。借用花言巧语说服别人,要会随机应变,有所斟酌。回答他人的问话,要会用外交辞令。所谓机变的外交辞令是一种轻俏的言辞。具有正义与真理价值的言论,必须要阐明真伪;而阐明真伪,就是要验证是否正确。责难对方的言辞,是反对对方的论调,持这种论调时,是要诱出对方心中的机密。

商君

【原文】

佞言者,谄而干忠;谀言者,博而干智;平言者,决而干勇;戚言者,权而干信;静言者,反而干胜。

【译文】

说着一些奸佞之话的人,会因谄媚而显得忠诚。说着奉承话的人,会因征引广博而显得有智慧。说着一些平实之话的人,由于果决而显得勇敢。说忧愁话的人,由于权作姿态而赢得信任。而静不言己的人,却由于能反责他人而胜利。

【原文】

先意承欲者,谄也;繁称文辞者,博也;纵舍不疑者,决也;策选进谋者,权也;先分不足以窒非者,反也。

【译文】

用华美的词藻来鼓吹欲望者,就是"谄"。广泛引用华丽的文辞者,就是"博";前后进退而不犹疑者,就是果决的人。用夸大与吹嘘来进献谋略,博取上司欢心的人,就是揽权者。自己不对而又指责他人过错的就是反抗者。

【原文】

故口者,机关也,所以关闭情意也;耳目者,心之佐助也,所以窥瞷奸邪。故曰参调而应,利道而动。

【译文】

故而,口就是人的重要机关,用它来封锁、宣传信息。耳目,就是心的辅助器官,用它们来侦察奸邪。所以说,只要(口、耳、目)三者相互呼应,就会走向成功。

【原文】

故繁言而不乱,翱翔而不迷,变易而不危者,睹要得理。故无目者不可示以五色,无耳者不可告以五音。

故不可以往者，无所开之也，不可以来者，无所受之也。物有不通者，圣人故不事也。

【译文】

虽然言语繁富纷呈而思绪不乱，凌空翱翔而不迷茫，变易常规而不发生危险，其原因在于抓住了要害，掌握了规律。对于没有眼睛的人，就不能拿五色给他看；没有耳朵的人，就不能奏五音给他听。所以，不可以前往游说的君王，是因为他们昏庸不开窍；别人之所以不到这里来游说，是因为这里不是成就大事业的地方，无所可授。凡事物难以行得通时，圣人就不会在这些事上耗费精力。

物有不通者，圣人故不事也。

【原文】

古人有言曰：口可以食，不可以言。言者，有讳忌也。"众口铄金"，言有曲故也。人之情，出言则欲听，举事则欲成。

【译文】

古人有句话这样说:"口可以用来吃东西,不可用来发言。"这是因为言论有诸多讳忌。众口所言,能把金属熔化,是由于众人的言论有私情的缘故。人之常情,说出来的话就想让人听从,一旦去办某件事情就想获得成功。

口可以食,不可以言。

【原文】

是故智者不用其所短,而用愚人之所长;不用其所拙,而用愚人之所工,故不困也。言其有利者,从其所长也;言其有害者,避其所短也。故介虫之捍也,必以坚厚;螫虫之动也,必以毒螫。故禽兽知用其长,而谈者亦知其用而用也。

【译文】

既然如此,就不能用聪慧人的短处,而宁肯用愚笨人的长处;不用聪慧人的笨拙,而用愚笨人的工巧。这样就不会沦落到困窘的境地。凡是听别人的言论，于我有利的，就应该从其所长；于我有害的，就应该避其所短。所以介虫防御外来的侵害，必定依靠自己坚厚的硬壳；螫虫进攻时，必定依靠自己的毒螫。禽兽尚且知道如何利用自己的优长，而游说进策的谋士就更应该懂得如何运用自己的优长。

【原文】

　　故曰辞言五：曰病、曰恐、曰忧、曰怒、曰喜。病者，感衰气而不神也；恐者，肠绝而无主也；忧者，闭塞而不泄也；怒者，妄动而不治也；喜者，宣散而无要也。此五者，精则用之，利则行之。

【译文】

　　所以说，在外交辞令中有五种情况：一是病态之言；二是幽怨之言；三是忧郁之言；四是愤怒之言；五是喜悦之言。一般地说来，病态之言是神气衰弱，说话没精神；幽怨之言是伤心痛苦，没有主见；忧郁之言是心情郁结，不能畅言；愤怒之言是轻举妄动，不能控制自己的话；喜悦之言是说话自由散漫，没有重点。以上这五种外交辞令，精要者可以使用，有利者可以付之实行。

【原文】

　　故与智者言依于博，与博者言依

于辨，与辨者言依于要，与贵者言依于势，与富者言依于高，与贫者言依于利，与贱者言依于谦，与勇者言依于敢，与愚者言依于锐。此其术也，而人常反之。是故与智者言，将此以明之；与不智者言，将此以教之，而甚难为也。

【译文】

所以与智者谈话，就要以渊博为原则；与渊博者说话，要以明辨为原则；与善辨的人谈话，要以简要为原则；与高贵的人谈话，要以鼓吹气势为原则；与富人谈话，要以高雅潇洒为原则；与穷人谈话，要以利害为原则；与卑贱者谈话，要以谦恭为原则；与勇敢的人谈话，要以果敢为原则；与愚笨者谈话，要以锐意进取为原则。这些都是与人谈话的原则，然而不少人却常常背道而驰。所以，与聪明人谈话时，就要用这些方法让他明了；与笨人谈话时，就要把这些方法教给他，然而事实上很难做到。

此其术也，而人常反之。

【原文】

　　故言多类，事多变。故终日言，不失其类而事不乱。终日不变而不失其主，故智贵不妄。听贵聪，智贵明，辞贵奇。

【译文】

　　所以说谈话有各种方法，所论事情会不断变化。终日谈论，不采用错误的言类，就不会把事情搞乱。事情不断变化，也不会失其原则。故就智者而言重要的是要不乱不虚，听话贵在善辨真伪，聪颖则贵在善断是非，出言要贵在变幻莫测。

谋篇第十

【题解】

　　谋就是施展谋略计策，它旨在教人如何针对不同的人物和事物去设立和使用计谋，以达到自己的目的，即所谓"运筹帷幄之中，决胜于千里之外"。《鬼谷子》强调凡事都需要谋略，有了谋略计策才能"因以制于事"。谋略要因人而生，"仁人轻货，不可诱以利，可使出费"，"勇士轻难，不可惧以患，可使据危"。谋略的运用，还要掌握方法，公开不如隐蔽，循常理不如出奇计，谋的目的在于"制人"，而不"见制于人"，"制人者，握权也；见制于人者，制命也"，指示的道理相当深刻。

【原文】

　　凡谋有道，必得其所因，以求其情。审得其情，乃立三仪。三仪者，曰上，曰中，曰下。参以立焉，以生奇。奇不知其所雍，始于古之所从。故郑人之取玉也，载司南之车，为其不惑也。夫度材量能揣情者，亦事之司南也。故同情而相亲者，其俱成者也；同欲而相疏者，其偏害者也。同恶而相亲者，其俱害者也；同恶而相疏者，偏害者也。故相益则亲，相损则疏。其数行也，此所以察异同之分也。故墙坏于其隙，木毁于其节，斯盖其分也。故变生事，事生谋，谋生计，计生议，议生说，说生进，进生退，退生制，因此制于事。故百事一道而百度一数也。

【译文】

　　大凡筹划谋略，自有其规律。必须首先求得事物的起因，然后才能掌握事物的总体情势。经过周密考查，求得事物的实情后，还须设立一套"三仪"标准。所谓三仪是上智、中才和下愚。综合分析这三者，就能够产生奇计。既然是奇计，做起事来就会通达无阻。奇计的产生，是从古代顺道而动的事情中得到的启发。

所以郑国人入山采玉载上指南车，为的是不迷失方向。同样的道理，料度才干、衡量能力、揣摩实情，也好比做事的指南车。情欲相同而关系又很亲密的人，必定使他们在很多方面都有获得成功的可能；有相同的欲望而关系却彼此疏远的人，则必有一方获得成功一方失败。臭味相投而又同恶相济的人则必然会两败俱伤，都没有好结果。臭

凡谋有道，
必得其所因，以求其情。

味相投而彼此相互疏远的人，则其中一方必然招致失败。所以，相互有益则相亲密，相互损害则相疏远。这是常常发生的情况，这也是用来判断异同、进行划类的根据。比如墙壁都是由于有裂隙才塌倒，树木是由于有节疤才毁坏。这就是事物的一般规律啊！所以，事物不断变化，才能产生问题，因为要解决问题才需谋划，只有通过谋划才会产生计策，研究计策才能产生相应的方法，有了方法才能游说决策者，使前进，进而不通，则再退一步，进退之中会形成制度，以此制度解决现实中的问题。如此看来，万事万物的变化都是一个道理，控制万事万物也是同一法则啊！

【原文】

　　夫仁人轻货，不可诱以利，可使出费；勇士轻难，不可惧以患，可使据危；智者达于数、明于理，不可欺以不诚，可示以道理，可使立功，是三才也。故愚者易蔽也，不肖者易惧也，贪者易诱也；是因事而裁之。故为强者，积于弱也；为直者，积于曲也；有余者，积于不足也。此其道术行也。

【译文】

　　一般地说来，仁德的人不看重财货，不可以用物质引诱他们，却可以让他们提供财货；勇敢的人轻视危难，不能用危难去吓唬他们，却可以用他们解除危难；智慧的人有谋略通事理，不可以假装诚信去欺骗他们，却可向他们讲明道理，让他们建功立业。这是三种人才啊！由此观之，愚昧的人是容易受蒙蔽的，不肖之徒是容易被吓住的，贪婪的人是容易被引诱的，所有这些都要根据具体情况来判断。因此，强者是由弱小的力量不断积累而变成强大的；平直的事物都是从弯曲中积累的；由于积累才使不足者成为富裕者。这就是道术反致的规律啊！

【原文】

　　故外亲而内疏者，说内；内亲而外

疏者，说外。故因其疑以变之，因其见以然之，因其说以要之，因其势以成之，因其恶以权之，因其患以斥之。摩而恐之，高而动之，微而正之，符而应之，拥而塞之，乱而惑之，是谓计谋。

计谋之用，公不如私，私不如结，结而无隙者也。正不如奇，奇流而不止者也。故说人主者，必与之言奇；说人臣者，必与之言私。

【译文】

所以，表面上亲善而内心疏远的人要从内心入手去游说他。对于那些内心亲善而表面上疏远的人要从表面上入手去游说他。可以根据对方所疑惑的问题，来改变自己游说的内容；根据对方的表现来判断游说活动是否见效；根据对方的答辞来确定自己游说的要点；根据情势的变化来征服对方；根据对方的所厌进行权衡，确定利弊；根据对方所虑对之申斥，加以防范。揣摩之后对之施以恐吓；抬高对方之后，策划行动；削弱对方之后，加以扶正；验证对方真假后，再决定是否响应他；拥堵对方后，加以阻塞；搅乱之后，迷惑对方。这些就叫做计谋。

计谋的运用，公开策划不如密划潜谋，密划潜谋不如与人密谋，两人密谋，可做到没有漏洞，因而无隙可乘。循规蹈矩的"正策"不如反经离义的"奇计"，奇计施行就如同流水般曲折多变,奔流难止。所以游说人主,就一定要向他进奇策;游说人臣,一定要同他讨论他所关注的切身利益。

【原文】

其身内其言外者疏;其身外其言深者危。无以人之所不欲而强之于人;无以人之所不知而教之于人。人之有好也,学而顺之;人之有恶也,避而讳之。故阴道而阳取之也。

【译文】

身为被亲近的人,而说话却虚伪见外,就会逐渐被疏远;身为被疏远的外人,说话却毫无顾忌,深切内情,就会陷于危险境地。不要把人所不愿接受的事情强加于人;不要用人所不知道的事来教导人。别人喜好的事情,就学习以迎合他的兴趣;别人所厌恶的事情,就要加以避讳,以免引起他的厌烦。这样就可以通过隐蔽的手段,取得显明的回报。

【原文】

故去之者纵之,纵之者乘之。貌者,不美又不恶,故至情托焉。可知者,可用也;不可知者,谋者所不用也。故曰事贵制人,而不贵见制于人。制人者,握权也;见制于人者,制命也。

故圣人之道阴，愚人之道阳。

【译文】

因而，想要除掉的人，可以放纵他，让他犯错，然后抓住机会除掉他。无论做什么事，在外表既不喜形于色，也不怒目相视，是感情深沉的人，可以以机密大事相托。对于能了解的人，可以任用他；对于一个不了解的人，一个有谋略的人，是不会重用他的。所以说，办事情最重要的是控制人，而不是被人控制。控制别人的人，手中握权；被人控制的人是被统治者。一般地说来，圣人处世之道称为"阴"——隐而不露，愚人处世之道称为"阳"——大肆张扬。

故去之者纵之，纵之者乘之。

貌者，不美又不恶，故至情托焉。

【原文】

　　智者事易,而不智者事难。以此观之,亡不可以为存,而危不可以为安,然而无为而贵智矣。智用于众人之所不能知,而能用于众人之所不能见。既用,见可,否择事而为之,所以自为也。见不可,择事而为之,所以为人也。

【译文】

　　聪明智者,成事容易;而愚鲁的人成事困难。由此看来,一个国家灭亡了是难以复兴的,一旦国家动乱也难于安定。然而运用"无为"则是最高的智慧了。"无为"之智要运用在众人所不知,众人所不能见之处。如果在施用智谋之后发现了可行的迹象,就要见机行事,可做,自己就去做;如果发现不可以做,就要选择一些相应的事,让别人去做。

智者事易,而不智者事难。

【原文】

　　故先王之道阴。言有之曰:"天

地之化，在高与深，圣人之制道，在隐与匿。"非独忠信仁义也，中正而已矣。道理达于此之义，则可与语。由能得此，则可与谷远近之诱。

【译文】

所以，圣人能行的大道，都是属于"阴"（隐而不露）。古语说："天地造化在于高、深，圣人之道在于隐而不露。"不单单要求忠诚、信实、仁慈、义理，主要是维护不偏不倚的正道。只有真正地认清这种道理的真谛，才能游说他人。如果双方都谈得很融洽，就可以发展长远的和目前的关系。

决篇第十一

【题解】

决者，决定、决断、决策也。本篇是《鬼谷子》关于决断事物的方法。善于判断情况、做出决断是万事成败的关键，"当断不断，反受其乱"。做出决断要顺应人之常情，人都希望得到幸福，避免祸患，决断也要趋利避害，去患者，可则决之，从福者，可则决之。做出决断，还要"度之往事，验之来事，参之平素，可则决之"。勇于决者而又善于决者，谋事可成。

【原文】

凡决物，必托于疑者，善其用福，

恶其有患。善至于诱也，终无惑偏。有利焉，去其利则不受也，奇之所托。若有利于善者，隐托于恶，则不受矣，致疏远。故其有使失利者，有使离害者，此事之失。

【译文】

凡是决断事情，都是受托于疑难的人。一般说来，善于决断则会遇上好事，而不善则有灾祸。善于致诱即使灾祸临头了，也不致于陷入迷惑。做决断时，只对一方有利，那么不利的一方就不会接受。这是运用奇策的基础。如果我们觉出有人（决策时）表面上做善事而实际上在暗中作恶，我们不仅不能接受他，而且还要疏远他。所以，有时办事不利，使之受损害都是决策的失误啊。

故其有使失利者，有使离害者，此事之失。

【原文】

圣人所以能成其事者，有五：有以阳德之者，有以阴贼之者，有以信诚之者,有以蔽匿之者,有以平素之者。阳励于一言,阴励于二言,平素、机枢以用。四者,微而施之。

【译文】

圣人之所以能成就事业,其途径和方法无非以下五种:有的正大光明,以道德去教化;有的以阴谋权术相控御;有的以信义忠诚相感召;有的靠蒙蔽隐匿相欺瞒;有的则靠平和沉静的修养。"阳"是做君王的所遵循的法则,所以,以一言为勉,一言就是无为;"阴"是做大臣的所遵循的法则,所以,以二言为勉,二言就是有为。君道无为,以平和沉静为主;臣道有为,以把握枢机为务。一言、二言、平素、枢机四种方法宜同时使用,微妙配合。

【原文】

于是度之往事,验之来事,参之平素,可则决之。王公大人之事也,危而美名者,可则决之;不用费力而易成者,可则决之;用力犯勤苦,然不得已而为之者,可则决之;去患者,可则决之;从福者,可则决之。

【译文】

于是,追溯往事,推验未来,再以平时的言行作参照,论计是非可否,如果可以,就为之进行决断。王公大臣的事情,如果这事业崇高,又享有美名,可行,就为他进行决断；不耗费太多精力就可以获得成功的事情，就可为之做出决断；需要付出辛勤的劳动，而又不得不做的事情，可行，就为他做出决断；消除祸患的事情，可行，就为之决断；获得福利的事情，可行，就为之决断。

【原文】

故夫决情定疑，万事之基，以正乱治，决成败，难为者。故先王乃用蓍龟者，以自决也。

【译文】

所以说决断事件，解决疑难，是万事的基础。用澄清治乱来预测成败是很难办的事啊！所以先圣是用蓍草、龟甲卜筮做决定的（避免了错误的人为因素）。

万事之基，以正乱治，决成败，难为者。

符言第十二

【题解】

所谓"符言"，是指言辞和事实像符契一般完全吻合。我国古代用竹木或金属做成符节，上书文字，剖成两半，朝廷与受命的臣下各执一半，用时以两半相合，称为符验，以作为凭证。四库本解题说："符言者，揣摩之所归也，捭阖之所守也，千圣之所宗也。如符然，故曰符言。"道藏本解题说："发言必验，有若符契，故曰符言。"

本篇所叙述的这些经验之言，都是进献给君主的，共分九个方面。这九个方面是：如何保持君位，如何保持明察，如何听取意见，如何实行赏罚，如何询问情况，如何因势顺理管理官吏，如何周全地了解一切，如何洞察验证一切，如何把握住名分。以上九个方面，各自独立，而又相互联系。君主如果能做到上述九个方面，就是一个贤明的君主。

【原文】

安徐正静，其被节无不肉。善与而不静，虚心平意以待倾损。右主位。

【译文】

身居君位的人，如果能做到安详、从容、公正、沉稳，就如骨节包裹在肌肉中，愿意给予并与世无争，这样就可以心平气和地面对天下纷争。以上主位。

【原文】

目贵明，耳贵聪，心贵智。以天下之目视者，则无不见；以天下之耳听者，则无不闻；以天下之心思虑者，则无不知。辐凑并进，则明不可塞。右主明。

【译文】

眼睛最重要的就是明亮，耳朵最重要的就是灵敏，心灵最重要的就是智慧。人君如能用全天下的眼睛去观看，就不会有什么看不见的；如果用全天下的耳朵去听，就不会有什么听不到的；如果用全天下的心去思考，就不会有什么不知道的。如将这些集于一身，那么君主就可明察一切，无可闭塞。以上主明。

以天下之耳听者，则无不闻。

【原文】

德之术曰：勿坚而拒之。许之则防守，拒之则闭塞。高山仰之可极，深渊度之可测；神明之位德术正静，其莫之极！右主德。

【译文】

听取情况的方法是：不要远远看见了就随便答应，也不要远远看见了就随便拒绝。假如答应别人，就要守信从而会多一层保护；假如随便拒绝了就会封闭君主的言路。仰望高山是可以望见顶的；测量深渊是可以测到底的；而圣人处事的方法，其端正沉稳是无法测其高深的。以上主德。

【原文】

用赏贵信，用刑贵正。赏赐贵信，必验耳目之所闻见，其所不闻见者，莫不暗化矣。诚畅于天下神明，而况奸者干君？右主赏。

【译文】

奖赏时，最重要的是守信用；刑罚时，最重要的是公正。处罚与赏赐的信守和公正，必须让臣民亲身见闻，这样对于那些没有亲眼看到和亲耳听到的人也有潜移默化的作用。君主的诚信如果能畅达天下，那么连神明也会来佑护，又何惧那些奸邪之徒冒犯主君呢？以上主赏。

【原文】

一曰天之，二曰地之，三曰人之。四方上下左右前后，荧惑之处安在。右主问。

【译文】

一叫作天时，二叫作地利，三叫作人和。四方、上下、左右、前后，不清楚的地方在何处？以上主问。

【原文】

心为九窍之治,君为五官之长。为善者,君与之赏;为非者,君与之罚。君因其所以求,因与之,则不劳。圣人用之,故能赏之。因之循理,固能久长。右主因。

【译文】

心是九窍的统治者,君是五官的首长。做好事的臣民,君主给他们赏赐;做坏事的臣民,君主给他们惩罚。君主根据臣民的政绩来任用,斟酌实际情况给予赏赐,这样就不会劳神。圣人这样做了,所以才被称赞。故而遵循客观规律,才能长久。(根据所求而予之,会使对方喜悦之至。虽无珍物,勉励与赏赐也是一样的。)以上主因。

【原文】

人主不可不周。人主不周,则群臣生乱。家于其无常也,内外不通,安知所开。开闭不善,不见原也。右主周。

【译文】

做君王的不可不慎密周详、总揽全局,否则群臣就会发生变乱。群臣既乱,则其执掌无常,做君王的内外闭塞，怎么能知道向谁开启，向谁闭藏呢？不善用开启闭藏之术，就不能见到善政之源。于此可见，做君王的需以慎密周详为上。以上主周。

【原文】

一曰长目，二曰飞耳，三曰树明。明知千里之外，隐微之中，是谓洞天下奸，莫不暗变更。右主恭。

【译文】

做君王的诀窍一是长目，即用天下人的眼睛来观察事物；二是飞耳，即用天下人的耳朵来听声音；三是树明，即用天下人的头脑来思考问题。有了这三个条件，则千里之外，隐微之中，都可洞见。天下奸邪之徒遇上这样的君王，便不得不暗暗弃绝邪念、更改前非了。于此可见，君王应该追求耳聪、目明、心灵。以上主恭。

【原文】

循名而为，实安而完。名实相生，反相为情。故曰：名当则生于实，实生于理，理生于名实之德，德生于和，和生于当。右主名。

【译文】

君王应根据事物的名称去说明客观事物的实际，

按照实际来确定事物的名称，名、实互为生存条件，又互以对方为内涵。所以说，事物适当的名称是从客观事物的实际中产生出来的，而正确把握客观事物的实际，则取决于人们对于客观事物的正确认识，人们对于客观事物的正确认识，则又产生于对事物名称与客观事物的实际的一种共识，这种共识则产生于事物"名"与"实"的和谐、统一，这种和谐、统一则又产生于事物"名"与"实"的适当。以上是君王如何把握名实、循名求实。

转丸第十三（亡佚）

肱乱第十四（亡佚）

本经阴符七术

【题解】

　　本经阴符是《鬼谷子》中理论性较强的一部分，其内容主要是关于修身养性的方法。本经，意为基本纲领。阴，意为隐秘。符，意为符言。包括"盛神法五龙""养志法灵龟""实意法螣蛇""分威法伏熊""散势法鸷鸟""转圆法猛兽""损兑法灵蓍"等七篇。由于这一部分与其他部分的风格截然有别，有人认为是后人的附会，还有人认为是"鬼谷先生"的另一本古阴符，被误为一体。但无论如何这是一些很有特点的论述，多为历代学者所注意。其中内容多为道家、阴阳家的语言，有浓厚的神秘色彩。

盛神法五龙

【原文】

盛神中有五气，神为之长，心为之舍，德为之大，养神之所归诸道。

【译文】

强化人的精、气、神，要效法五行之龙变化之法。精神旺盛的人，身体的五脏之气很强。其中在五脏之气——神、魂、魄、精、志中，神居主位。心是神的处所，品德是神的壮大途径，而养神之宝，归之于道。

【原文】

道者，天地之始，一其纪也。物之所造，天之所生，包宏无形，化气，先天地而成。莫见其形，莫知其名，谓之神灵。故道者，神明之源，一其化端。是以德养五气，心能得一，乃有其术。

【译文】

所谓"道"是产生天地的本源。一切由"道"始，然后由一生二，由二生三，由三生万物。万物所成，皆由天地生,而包含万物化之为气。"气"先天地而生,看不见它的形象,叫不出它的名字,我们就称它为"神灵"。所以"道",是神明的本源,万物变化之始,由此修德、养五气,人就能专心致志,获得一定的道术。

【原文】

术者,心气之道所由舍者,神乃为之使。九窍十二舍者,气之门户,心之总摄也。生受于天,谓之真人。真人者与天为一。

生受于天,谓之真人。
真人者与天为一。

【译文】

所谓"道术"就是在"神气"出入身体时,人能自由运用它。人的身体有九窍十二舍,即人的眼、耳、鼻、舌、身都是人与外界接触的门户,由心灵总管它们。人本受命于天,故称为真人。真人与天合为一体。

【原文】

内修炼而知之,谓之圣人,圣人者,以类知之。故人与一生,出于物化。知类在窍,有所疑惑,通于心术,心无其术，必有不通。其通也，五气得养，务在舍神，此谓之化。

【译文】

其中，明白大道理的人，刻苦修炼内功，就称为"圣人"。所谓"圣人"，是能掌握以此类推的方法，解决疑难的人。人生活在天地间，就在于随环境变化。接受外界知识在于利用各种感觉器官；解释疑难在于通过心灵进行综合分析。若无心灵的思维，"道术"则有不通之处。要使"道术"通达，务必内养"五气"——神、魂、魄、精、志，而且要使"神道"归于自身。此一过程称之为"化"。

【原文】

化有五气者：志也，思也，神也，德也，神其一长也。静和者养气，气得其和，四者不衰，四边威势，无不为存而舍之，是谓神化。归于身，谓之真人。

【译文】

依万物自然运化的规律，内养"五气"。在"志""思""神""德"中，"神"气是最主要的。要用"静和"之法养气，养气目的是使上述四者平和。上述四者不衰，而且能呈现威势，就能无所不为，使气常存于身，使"神"气变化归之于身，被称之为"真人"。

【原文】

　　真人者,同天而合道,执一而养产万类,怀天心,施德养,无为以包志虑思意,而行威势者也。士者通达之,神盛乃能养志。

【译文】

　　所谓真人,就是能合天意,按万物产于一的自然规律养护万物,怀大志,施道德,养育万民,以无所不包的思想威行于世界的人。士如果能通达此理,也能精神旺盛,养气养志。

养志法灵龟

【原文】

　　养志者,心气之思不达也。有所欲,志存而思之。志者,欲之使也。欲多则心散,心散则志衰,志衰则思不达。故心气一,则欲不偟;欲不偟,则志意不衰;志意

养志者,心气之思不达也。有所欲,志存而思之。

不衰，则思理达矣。

【译文】

养志的方法要效法灵龟。思维不畅达的人要培养自己的志气。一个人心中有欲望，才会有一种想法，使欲望化为现实。所谓"志向"不过是欲望的使者，欲望过多了，则心力分散，意志就会薄弱，就会思力不畅达。如果心神专一，欲望就不会多，欲望不多，意志力就不会衰弱，意志力不衰弱，思想就会畅达。

【原文】

理达则和通，和通则乱气不烦于胸中。故内以养志，外以知人。养志则心通矣，知人则职分明矣。将欲用之于人，必先知其养气志，知人气盛衰，而养其志气，察其所安，以知其所能。

【译文】

思想畅达则心气和顺，心气和顺，心中就不会烦乱。因此，人对内要养气；对外，要明察各种人物，修养自己"五气"，就心情舒畅。了解他人，才能知人善任。我们想要任用人，一定要先知道他养气的功夫，知道他心气的盛衰。知道他的心志状态，看其养气修志，观察他是否稳健，就知道他的能力。

【原文】

　　志不养，则心气不固；心气不固，则思虑不达；思虑不达，则志意不实；志意不实，则应对不猛；应对不猛，则志失而心气虚；志失而心气虚，则丧其神矣。

【译文】

　　不修养心志，"五气"就不稳固；"五气"不稳固，思虑就不畅达；思虑不畅达，意志就不坚定；意志不坚定，反应就不快捷；反应不快捷，就会失掉信心，心气就会虚弱；如果心气虚弱就会失神丧志。

【原文】

　　神丧则仿佛，仿佛则参会不一。养志之始，务在安已，已安则志意实坚，志意实坚则威势不分。神明常固守，乃能分之。

【译文】

　　如果失神丧志就会精神恍惚，精神恍惚，"志""心""神"三者就不协调了。修养心志之始，定要先安定自己。自己意志安定了。意志才坚定。有了坚定的意志才能有神威。神威固守，才能调动一切。

实意法螣蛇

【原文】

实意者,气之虑也。心欲安静,虑欲深远。心安静则神策生,虑深远则计谋成。神策生则志不可乱,计谋成则功不可间。

【译文】

坚定意志之法要效法螣蛇。坚定意志就要会养气。心情安详,是思虑之本。心境需要平静,思虑需要高远。心境平静则精神愉快,思虑深远则计谋有成。心情愉快,思虑就不乱;计谋成功,则事业就不可破坏。

【原文】

意虑定则心遂安,心遂安则所行不错,神自得矣,得则凝。识气寄,奸邪而倚之,诈谋而惑之,言无由心矣。

【译文】

意志、思虑稳定,则心境安详,心境安详则所作所行就不会有多大差错。精神愉快就容易使神思集中。如果人的胆识、心气只是暂时寄住在那里,那么奸邪就可能乘机而入,诈谋也可以乘机而行,所说的话也不会是用心思考的。

【原文】

　　故信心术，守真一而不化，待人意虑之交会，听之候之也。计谋者，存亡之枢机。虑不会，则听不审矣。候之不得，计谋失矣。则意无所信，虚而无实。故计谋之虑，务在实意，实意必从心术始。

【译文】

　　所以说坚守心灵的术法，在于信守纯真而不变化，等待机会，待时机成熟，就可以根据上下交合的判断来解决问题。所谓"计谋"，是国家存亡的关键。思虑不周，则听得不明，即使等待时机，其机会也不会来到。计谋失效则意志不坚定，就会变得虚幻而不切实。所以计谋的思虑务必在于实意，而实意必定要从坚守心灵之术开始。

【原文】

　　无为而求安静五脏，和通六腑，精神魂魄固守不动，乃能内视、反听、定志。虑之太虚，待神往来。

【译文】

　　作为"无为"的思虑，要求人静思，五脏六腑都通畅，精神魂魄固守纯真，如此便能够自我反省，听取外界消息，凝神安志，神游太虚，待神明往来归己。

【原文】

　　以观天地开辟，知万物所造化，见阴阳之终始，原人事之政理。不出户而知天下，不窥牖而见天道，不见而命，不行而至。是谓道知，以通神明，应于无方，而神宿矣。

【译文】

　　以此观天地之变化，悟解万物造化的规律，知阴阳之交替，懂得人间之政理。这样，不出门就可以知晓天下大事，不开窗就可以看见日月星辰等天体变化之道，不必见到民众，民众就能听命而行；不必推行政令，天下就可以大治。这就是所谓"道"，以此可以与神明交往，应用于无边无涯的世界，而使神明长存世间。

分威法伏熊

【原文】

　　分威者，神之覆也。故静意固志，神归其舍，则威覆盛矣。威覆盛，则内实坚；内实坚，则莫当；莫当，则能以分人之威，而动其势，如其天。

【译文】

　　分威要效法行将偷袭的熊。所谓分威，就是要把自己的神威隐藏起来。平心静气地坚持自己的意志，使精神归之于心，这样隐藏的神威更加强盛。神威强盛，内部就更为坚强雄厚，从而能所向无敌。正因为能所向无敌，所以能分散他人的威势，动摇其势力，像天一样，安然无间。

【原文】

以实取虚，以有取无，若以镒称铢。故动者必随，唱者必和，挠其一指，观其余次。动变见形，无能间者。审于唱和，以间见间，动变明而威可分。

【译文】

用实来取虚，以有来取无，就像用镒来称铢一样，十分容易。所以，只要行动就必定有人追随，有唱者，必有和者。屈起一个指头，可以更清楚地观察其余手指的活动。只要掌握行动变化的情况，对方就无法搞阴谋。认真审察一唱一和的形式，也可用反间手段，在动中掌握对方情况，用"分威"法，隐蔽实力，趁时出击取胜。

【原文】

将欲动变，必先养志伏意以视间。知其固实者，自养也；让己者，养人也。故神存兵亡，乃为之形势。

【译文】

可见要想有所活动,必须先养心志,隐蔽自我实力,以暗察他人活动。凡是意志坚实的人,就善于自我养气,凡是谦逊的人,就能替他人养气,所以要设法使精神交往发展,化解干戈,这就是人们所要控制的形势。

散势法鸷鸟

【原文】

散势者,神之使也。用之,必循间而动。威肃内盛、推间而行之,则势散。夫散势者,心虚志溢。意衰威失,精神不专,其言外而多变。

【译文】

(在战争中)发展各部分的威力,要效法鸷鸟。散发自己的势力要在一定思想原则的指导下,实施时,必须按着一定的空间顺序活动。威武严正,实力充实,按一定的空间顺序操作,这样各部势力就能得到发展。达到这一目标,就能心胸广博,包容一切,意志力就会充溢丰沛。如果意志力不强,势威衰弱,精神不专,那么就会把话说漏,引起对方疑心而导致时局变化。

【原文】

故观其志意为度数，乃以揣说图事，尽圆方，齐短长。无问则不散势，散势者，待间而动，动而势分矣。

【译文】

因此要善于观察人的志向和意识，并以此为基础，揣度关系，谋划事体，持方圆规矩之理，合乎变化法则，求得事情的尽美。没有关联和空间，则无法发展各部势力以用之，欲发展各部势力需得循序而行，而一旦行动起来，各部势力也就发展了，其作用也可以发挥。

【原文】

故善思间者，必内精五气，外视虚实，动而不失分散之实。动则随其志意，知其计谋。势者，利害之决，权变之威。势败者，不以神肃察也。

【译文】

如此说来，善于发现对方漏洞的人，必须修炼自己的五气，观察对方的虚实，行动时才能达到分散使用力量的效果。行动起来，才能本着我方意图，并确知对方的计谋（而不败）。所谓控制势力，是决定胜败的大事。威势溃败，往往是不能凝神观察所致。

转圆法猛兽

【原文】

转圆者,无穷之计。无穷者,必有圣人之心,以原不测之智而通心术。

【译文】

实施"转圆"法,要效法猛兽扑食,行动迅速。所谓"转圆",是指能构想无穷计谋。而能构想出无穷计谋的人,必定有圣人之心,并用心灵推究难以测出的智慧之源,从而通晓凝聚心气的方法。

【原文】

而神道混沌为一,以变论万类,说义无穷。智略计谋,各有形容:或圆或方,或阴或阳,或吉或凶,事类不同。故圣人怀此用,转圆而求其合。

【译文】

理道本是混沌的万物之始,以变化之理研讨万物,内容是无穷无尽的。因事而生成计谋也各有不同的形式:或有圆谋,或有方略,有阴谋、有阳谋、有吉策、有凶智。事事各不相同。圣人以此为法,设计出许多计谋,以求切合实际。

【原文】

故与造化者为始,动作无不包大道,以观神明之域。天地无极,人事无穷,各以成其类,见其计谋,必知其吉凶成败之所终。

【译文】

所以开始造化天地的圣人,其行为无不合乎自然大道,以观神明之奥妙。天地之大无极无垠,人事之繁无穷无尽,又有各类的区别。各种智谋也各有其形,从中也必然会知道事物的凶吉成败了。

【原文】

转圆者,或转而吉,或转而凶,圣人以道先知存亡,乃知转圆而从方。圆者,所以合语;方者,所以错事。转化者,所以观计谋;接物者,所以观进退之意。皆见其会,乃为要结以接其说也。

【译文】

所谓转圆者,有的转为吉祥,有的转为凶险。圣人掌握规律而先知存亡之理,然后再"转圆""从方",顺应规律。所谓"转圆",就是要语言灵活,合乎要求;所谓"从方",就是使事物依规矩而行。

"转化"就是为了观物设计,"接物"就是为了观察进退。如果能融汇方圆转化接物之理,就可以分析综合,统一其学说了。

损兑法灵蓍

【原文】

损兑者,机危之决也。事有适然,物有成败,机危之动,不可不察。故圣人以无为待有德,言察辞合于事。

【译文】

要知道事物的损兑吉凶,可以效法灵蓍变化之法。所谓"损兑",是一种微妙的判断。有些事在一定情况下很合乎现实,有些事会有成有败。很微妙的变化,不可不细察。所以,圣人以无为之治对待有德之治,他的言语,举动都要合乎事物的发展。

【原文】

兑者知之也;损者行之也。损之说之,物有不可者,圣人不为之辞。故智者不以言失人之言,故辞不烦而心不虚,志不乱而意不邪。当其难易而后为之谋,因自然之道以为实。

【译文】

所谓"兑",就是以心、眼观察外物。所谓"损",就是排除不利而行之。若对其减抑,对其说解,事情仍不顺利发展变化,圣人也不会讲明道理。所以聪明人,不以自己的言论排斥他人的言论,辞应简明,而心中充满自信,意志不乱胸无邪念。遇事依其难易,然后策谋,而顺应客观规律则是其根本。

【原文】

圆者不行,方者不止,是谓大功。益之损之,皆为之辞。用分威散势之权,以见其兑威、其机危,乃为之决。故善损兑者,譬若决水于千仞之堤,转圆石于万仞之豀。而能行此者,形势不得不然也。

【译文】

(现实中)圆的计谋实施不利,方的谋略就不能停止,这就是大功告成的前提。不管是增益其辞,还是减损其辞,都能言之成理。用分散实力的权谋,就要发现增加威力之后所显现的危机,并为其决断。所以善于掌握损益变化的人,就像在千丈的大堤上决堤,又如在万仞山谷中转动圆石,应变自如。而所以能这样做,乃形势所使然。

故善损兑者,譬若决水于千仞之堤。

持 枢

【题解】

本篇脱误较多,陶弘景曰:"此持枢之术恨太简促,畅理不尽,或篇简脱烂,本不能全也。"持枢,意为掌握关键,把握枢纽。残存的这一段主要讲述为人君者要顺合治国之道。正如四季运行,春生、夏长、秋收、冬藏一样,人君也有类似的规律,如果违背了,"虽成必败""虽盛必衰"。

【原文】

持枢,谓春生、夏长、秋收、冬藏,天之正也。不可干而逆之。逆之者,虽成必败。故人君亦有天枢,生、养、成、藏,亦复不可干而逆之,逆之者,虽盛必衰。此天道,人君之大纲也。

【译文】

持枢,就是掌握行动的关键,控制事物的规律。比如春季耕种,夏季生成,秋季收割,冬季储藏乃是天时的正常运作规律。不可悖反这一自然规律而倒行逆施,凡是违反自然规律的,即使成功一时,也终究必败。由此而知,人君也有他必须遵循的客观规律。他要组织百姓生产生活,教养万民、收获、储藏等。这些规律也不能违抗,如果背逆客观规律,即使表面上看似强大,也必将衰弱。这是客观规律,是人君必须遵守的大纲纪。

中　经

【题解】

中经，是《鬼谷子》中由内心发出以把握外部事物的方法，是处理人事、说服辩论应掌握的一项原则。包括察言观色、闻声知音、解仇斗郄、补充情思、驳斥言辞、笼络人心、恪守义道等七种具体方法，其中不乏狡诈奸巧，目的是为了"制人者握权"，以便使"制于人者失命"。

【原文】

《中经》，谓振穷趋急，施之能言厚德之人，救拘执，穷者不忘恩也。能言者，俦善博惠。施德者，依道。而救拘执者，养使小人。

【译文】

《中经》所说的是那些救人危难，给人教诲和施以大恩大德的人，如果他们救助了那些拘捕在牢房的人，那些被救者，是不会忘记其恩德的。能言之士，能行善而广施恩惠；有德之人，按照一定的道义准则去救助那些被拘押的人；被拘押的人一旦被救，就会感恩而听命了。

【原文】

盖士遭世异时危，或当因免阗坑，或当伐害能言，或当破德为雄，或当抑拘成罪，或当戚戚自善，或当败败自立。

【译文】

一些士人，生不逢时，在乱世里侥幸免遭兵乱；有的因善辩而受残害；有的起义成为英雄，更遭受陷害；有的恪守善道；有的虽遭失败，却自强自立。

【原文】

故道贵制人，不贵制于人也；制人者握权，制于人者失命。是以见形为容，象体为貌，闻声知音，解仇斗郄，缀去，却语，摄心，守义。《本经》纪事者，纪道数，其变要在《持枢》《中经》。

【译文】

因此，恪守"中经"之道的人，推重以"中经"之道施于人，而不要被他人控制。控制他人者掌握主动权，而一旦被他人控制，就会失掉许多机遇。"中经"之道就是关于"见形为容，象体为貌，闻声和音，解仇斗郄，缀去却语，摄心守义"的原则探讨。《本经》中记载的理论，权变的要旨，均在《持枢》《中经》两篇中。

【原文】

　　见形为容，象体为貌者，谓爻为之生也。可以影响形容象貌而得之也。有守之人，目不视非，耳不听邪，言必《诗》《书》，行不淫僻，以道为形，以德为容，貌庄色温，不可象貌而得之。如是，隐情塞郄而去之。

【译文】

所谓"见形为容，象体为貌"，是因人而变化的人的行为，可以影响形容和相貌。伪狡者，仅凭他们的形容和外貌就可以识别他们；而恪守道德的有为之人，他们不看非礼的东西，他们不听邪恶之言，他们谈论的都是《诗经》《尚书》之类，他们没有乖僻淫乱行为。他们以道为外貌，以德为容颜，相貌端庄、儒雅，不是光从外貌就能识别他们的。常常是隐名埋姓而回避人世。

【原文】

　　闻声知音者，谓声气不同，恩爱不接。故商、角不二合，徵、羽不相配。能为四声主者，其唯宫乎？故音不和则悲，是以声散、伤、丑、害者，言必逆于耳也。虽有美行、盛誉，不可比目、合翼相须也，此乃气不合、音不调者也。

【译文】

"闻声知音",听到声音是否与之相合,也是一种方法。如果说人与人意气不相投;也就不接受对方的恩爱友好。就如同在五音中,商与角不相和,徵与羽不相配一样。能成为四声的主音惟有宫声而已。所以说,音声不和谐,悲伤韵律就会产生,散、伤、丑、害都是不和之音,如果把它们表现出来一定是很难入耳的。如果有美好的言行,高尚的声誉,却不能像比目鱼或比翼鸟那样和谐,也是因为气质不和,音调不协所致。

【原文】

解仇斗郄,谓解嬴微之仇;斗郄者,斗强也。强郄既斗,称胜者高其功,盛其势也。弱者哀其负,伤其卑,污其名,耻其宗。故胜者闻其功势,苟进而不知退。弱者闻哀其负,见其伤,则强大力倍,死而是也。郄无强大,御无强大,则皆可胁而并。

【译文】

所谓"解仇斗郄",就是解决矛盾。"解仇"是调解两个弱小者的不和;"斗郄"则是当两个强大的国家不和时,使他们相争的策略。强大敌手相斗时,得胜的一方,夸大其功业,虚张声势。而失败的一方,则因兵败力弱,玷污了自己声名,有侮于祖先而痛心。所以,得胜者,一听到人们称赞他的威势,就会轻敌而贸然进攻。而失败者,听到有人同情他的不幸时,反而会努力支撑,拼死抵抗。敌人虽然强大,往往有弱点,对方虽说有防御,而实际力量并不一定强大。我方是可以用强大的兵势胁迫对方,让他们服从,吞并其国家。

【原文】

缀去者,谓缀己之系言,使有余思也。故接贞信者,称其行,厉其志,言为可复,会之期喜。以他人庶引验以结往,明款款而去之。

【译文】

所谓"缀去"的方法是说对于即将离开自己的人,说出真心挽留的话,以便使对方留下回忆与追念。所以遇到忠于信义的人,一定要赞许他的德行,鼓舞他的勇气。表示可以再度合作,后会有期,对方一定高兴。以他人之幸运,去引验他往日的光荣,即使他们款款而去,也会十分留恋于我们。

【原文】

却语者,察伺短也。故言多必有数短之处,识其短,验之。动以忌讳,示以时禁。其人恐畏,然后结信,以安其心,收语盖藏而却之。无见己之所不能于多方之人。

【译文】

"却语"的方法是说要在暗中观察他人的短处。因为人言多时,必有失误之处。要辨识他的失误处,并加以验证。要经常揭他忌讳的短处,并证明它是触犯了时政所禁止的。这样他就会因此而害怕,而我方则以诚信结交他,然后让他安心,对以前说过的话,也不再说了,暗中则藏起这些证据,秘不示人。同时,应注意不能在众人面前,现出自己的无能之处。

【原文】

摄心者,谓逢好学伎术者,则为之称远。方验之道,惊以奇怪,人系其心于己。效之于人,验去,乱其前,吾归诚于己。遭淫酒色者,为之术;音乐动之,以为必死、生日少之忧。喜以自所不见之事,终可以观漫澜之命,使有后会。

【译文】

"摄心"的方法是遇到那些好学技术的人,应该主动为他扩大影响,然后验证他的本领,让远近的人都尊敬他,并惊叹他的奇才异能,他们则将会与你心连心。为别人效力者,要将之与历史上的贤才相对照,称其与前贤一样,诚心诚意地相待,这样方能得到贤能的人。遇到沉于酒色的人,就要用音乐感动他们,并以酒色会致人于死,要忧余命无多来教谕他们,让他们高兴地看到见所未见的事，最终认识到未来的遥远，使命之重大，使之觉得将会与我后会有期。

【原文】

守义者，谓守以人义，探其在内以合也。探心，深得其主也。从外制内，事有系曲而随之。故小人比人，则左道而用之，至能败家夺国。非贤智，不能守家以义，不能守国以道。圣人所贵道微妙者，诚以其可以转危为安，救亡使存也。

【译文】

"守义"的方法说的是，自己坚持仁义之道，并用仁义探察人心，使对方从心底里广行仁义。得到他内心的想法，从外到内控制人心，令他于我有事相系，故而委曲相从。而小人对待人，则用旁门左道，用此则常常会家破国亡。如果不是圣贤之辈，是不能用义来治家，用道来守国的。圣贤是特别重视"道"的微妙的。因为"道"确实可以使国家转危为安，救亡存国。

附录·智囊（节选）

上 智

上智部总叙

【原文】

冯子曰：智无常局①，以恰肖其局者为上。故愚夫或现其一得，而晓人反失诸千虑。何则？上智无心而合，非千虑所臻也。人取小，我取大；人视近，我视远；人动而愈纷②，我静而自正；人束手无策，我游刃有余。夫是故难事遇之而皆易，巨事遇之而皆细。其斡旋入于无声臭之微，而其举动出人意想思索之外。或先忤而后合，或似逆而实顺。方其闲闲③，豪杰所疑；迄乎断断④，圣人不易。呜呼！智若此，岂非上哉！上智不可学，意者法上而得中乎？抑语云"下下人有上上智"，庶几有触而现⑤焉？余条列其概，稍分四则，曰"见大"，曰"远犹"，曰"通简"，曰"迎刃"，而统名之曰"上智"。

【注释】

① 常局：固定不变的格局。
② 纷：混乱。
③ 闲闲：清闲、悠闲的样子。
④ 断断：果敢决断。
⑤ 有触而现：得到机会并展现出来。

【译文】

　　冯梦龙说：真正的智慧没有固定的法则可以遵循，而要根据不同的现实情况，采取恰如其分的对策。所以愚昧的人，偶尔也会表现出智慧来；倒是聪明的人常常因为谨守着某些原则而考虑太多，从而做出错误的判断。为什么呢？真正的大智慧其实是"无心"而至的，并非只要周全考虑就能达到。别人看到小的方面，我能看到大的方面。别人能看到眼前的，我却能看到长远的。别人越动越乱，而我却以静制动。别人束手无策的事情，我却游刃有余。这样的话，看起来难的事情处理起来都很容易，大的事情也能像小事情一样处理。所以能充分灵活、很有弹性地深入变动无常的局势之中，而其拟定的对策，也往往能出乎常人的意料。有时候开始时有悖常理而后来却完全符合事理，有时候看起来似乎违背常识而实际上却顺乎事理。当其从容悠闲之时，会受到豪杰之士的怀疑，只有等到问题全部解决，才能看清这种深远通透的智慧来，连圣人也不能改。啊！这样的智慧，确实是大智慧！这样的大智慧是不可学的，是像人们通常认识的"取法乎上而得乎中"吗？像人们所说的"一些不见得聪明的人偶然会表现出上等智慧"，可是这些智慧有多少能得到机会展现于世人面前呢？因此，我把这些智慧实例一一列举出来，并将其分为四卷，分别是"见大""远犹""通简""迎刃"，而总其名为"上智"。

一、掌握大局

【原文】

一操一纵,度越①意表。寻常所惊,豪杰所了②。集"见大"。

【注释】

① 度越:超出、超越。
② 了:了解。

【译文】

处理事情的不同细节以及方略,往往是出乎预料之外的。这是普通人所惊异而不能理解的,然而豪杰之士却能通晓。集此为"见大"卷,即以小见大。

太公 孔子

【原文】

太公望①封于齐。齐有华士者,义不臣天子,不友诸侯,人称其贤。太公使人召之三,不至;命诛之。周公曰:"此人齐之高士,奈何诛之?"太公曰:"夫不臣天子,不友诸侯,望犹得臣而友之乎?望不得臣而友之,是弃民②也;召之三不至,是逆民也。而旌之以为教首,使一国效之,望谁与为君乎?"

少正卯与孔子同时。孔子之门人三盈三虚③。孔子为大司寇，戮之于两观之下④。子贡进曰："夫少正卯，鲁之闻人。夫子诛之，得无失乎？"孔子曰："人有恶者五，而盗窃不与焉：一曰心达而险，二曰行僻而坚，三曰言伪而辩，四曰记丑而博，五曰顺非而泽。此五者有一于此，则不免于君子之诛，而少正卯兼之。此小人之桀雄也，不可以不诛也。"

【注释】

①太公望：吕尚，名望，助周武王灭商，被封于齐，为齐国始祖，故称太公。

②弃民：不可教训应该抛弃的人。

③三盈三虚：指孔子的门徒多次被少正卯的讲学吸引走了。

④两观之下：指宫门之前。

【译文】

太公望被周武王封于齐这个地方。齐国有个叫作华士的人，他以不为天子之臣，不为诸侯之友作为自己立身处世的宗旨，人们都称赞他旷达贤明。太公望派人请了他三次他都不肯来，于是就派人把他杀了。周公于是问太公说："华士是齐国的一位高士，为什么杀了他呢？"太公望说："这样一个不做天子之臣，不做诸侯之友的人，我吕望还能以其为臣，与之交友吗？既然不能为臣，不能交友，这就是自弃之民了；召他三次而不来，就是叛逆之民。如果为此反而要表彰他，让他成为全国百姓效法的榜样，那还要我这个当国君的有什么用呢?"

少正卯与孔子同处于一个时代。孔子的学生曾经多次受到少正卯言论的诱惑,而离开学堂到少正卯那里去听讲课,导致学堂由满座变为空旷。于是到了孔子做大司寇的时候,就判处少正卯死刑,在宫门外把他杀了。子贡向孔子进言说:"少正卯是鲁国名望很高的人。老师您杀了他,会不会有些不合适啊?"孔子说:"人有五种罪恶,而盗窃与之相比还算好的行为。第一种是心思通达而为人阴险,第二种是行为乖僻反常却固执不改,第三种是言辞虚伪无实但却十分雄辩并能打动人心,第四种是所记的坏事又多又杂,第五种是顺从别人之错误还为其掩饰辩白。一个人如果有这五种罪恶之一,就难免被君子所杀;而少正卯同时具备这五种恶行,正是小人中的奸雄,这是不可不杀的。"

诸葛亮

【原文】

有言诸葛丞相惜赦①者。亮答曰:"治世以大德,不以小惠。故匡衡、吴汉不愿为赦。先帝亦言:'吾周旋陈元方、郑康成间,每见启告,治乱之道悉矣,曾不及赦也。'若刘景升②父子,岁岁赦宥,何益于治乎?"及费祎为政,始事姑息,蜀遂以削③。

【评】子产谓子太叔曰:"惟有德者,能以宽服民。其次莫如猛。夫火烈,民望而畏之,故鲜死焉;水懦弱,民狎而玩之,则多死焉。故宽难。"太叔为政,不忍猛而宽。于是郑国多盗,太叔悔之。仲尼曰:"政宽则民慢,慢则纠之以猛；猛则民残，残则施之以宽。宽以济猛，猛以济宽，政是以和。"商君刑及弃灰，过于猛者也；梁武见死刑辄涕泣而纵之，过于宽者也。《论语》"赦小过"，《春秋》讥"肆大眚"。合之，得政之和矣。

【注释】

①惜赦：不轻易发布赦免令。
②刘景升：刘表，字景升，东汉末年割据荆州，死后其子刘琮继任，不久投降曹操。
③削：削弱。

【译文】

蜀国有人批评诸葛亮在发布赦令上很吝啬，而法令又过严。诸葛亮对此回应说："治理天下应本着至公至德之心，而不该随意施舍不当的小恩小惠。所以汉朝的匡衡、吴汉治国理政就认为无故开赦罪犯不是件好事。先帝刘备也曾说道：'我曾与陈纪（字元方）、郑玄（字康成）交往，从与他们的交谈中可以明了天下兴衰治乱的道理，但他们从没有说过大赦罪犯也是治国之道。'又如刘表父子年年都有大赦之令，结果对治理国家有什么好处呢？"后来费祎主政时，采用姑息宽赦的策略，蜀汉的国势也因此逐渐削弱不振。

【评译】春秋时郑国的子产对后继者太叔说："只有具有大德的人，才可以用宽容的方法来治理人民。次一等的就只能用严厉的律法来治理了。猛烈的大火，人看了就感到害怕，因此很少有人被烧死；平静的河水，人们喜欢接近嬉戏，却往往因此被淹死。所以用宽容的方法治理国家是很困难的，不是常人所能做到的。"后来太叔治理国家，不忍心用严厉的方法，从而导致郑国盗匪猖獗，民怨沸腾。太叔非常后悔，但为时已晚。孔子说："政令过于宽容，百姓就会轻慢无礼，这时就要用严厉的律法来约束他们；过于严厉，百姓又可能凋残不堪，这时则要用宽松的政令来缓和他们的处境。用宽容来约束残弊，用严厉来整顿轻慢，这样才能做到人事通达，政风和谐。"战国时，商鞅对弃灰于道的人也要加以刑罚，这样就未免太过严苛了；梁武帝看见执行死刑就会心有不忍，往往流着泪把罪犯给释放掉，这样又太过宽容甚至显得有些懦弱了。《论语》有"对小的过错予以宽容"的说法，而《春秋》曾讥斥"那些放纵有大过错的人"。二者只有调和得当，才能实现政事的和谐。

光武帝

【原文】

　　刘秀①为大司马②时，舍中儿③犯法，军市令祭遵④格杀之。秀怒，命取遵。主簿陈副谏曰："明公常欲众军整齐，遵奉法不避，是教令所行，奈何罪之？"秀悦，乃以为刺奸将军，谓诸将曰："当避祭遵。吾舍中儿犯法尚杀之，必不私诸将也！"

　　【评】罚必则令行，令行则主尊，世祖所以能定四方之难也。

【注释】

① 刘秀：汉宗室，新朝末年起兵反王莽，为更始帝封为大司马，后自立称帝，建立东汉，谥光武，庙号世祖。
② 大司马：汉时掌全国军政的官。
③ 舍中儿：府中的家奴。
④ 祭遵：随刘秀起兵诸将之一，后以功封侯，为东汉开国勋臣。

【译文】

东汉光武帝刘秀做大司马时，有一回其府中的家奴犯了军法，被军市令祭遵下令杀掉。刘秀很生气，命令部下将祭遵收押。当时，主簿陈副规劝刘秀道："主公一向希望能够军容整齐，纪律严明，现在祭遵依法办事，正是遵行军令的表现，怎么能怪罪他呢？"刘秀听了这话很高兴，不但赦免了祭遵，而且让他担任刺奸将军一职，又对军官们说："你们要多避让祭遵啊！我府中的家奴犯法，他尚且将其斩杀，可见他的公正无私，他肯定不会对你们有所偏袒的。"

【评译】赏罚果断分明，军令才可以推行。军令畅行无阻，主上才会具有威严。正因如此，刘秀才能平定四方，统一国家。

使马圉

【原文】

孔子行游，马逸食稼，野人①怒，絷其马。子贡往说之，毕词而不得。孔子曰："夫以人之所不能听说人,譬以太牢享野兽,以九韶乐飞鸟也!"乃使马圉②往,谓野人曰:"子不耕于东海,予不游西海也,吾马安得不犯子之稼?"野人大喜,解马而予之。

【评】人各以类相通。述《诗》《书》于野人之前,此腐儒之所以误国也。马圉之说诚善,假使出子贡之口,野人仍不从。何则?文质貌殊,其神固已离矣。然则孔子曷不即遣马圉,而听子贡之往耶?先遣马圉,则子贡之心不服;既屈子贡,而马圉之神始至。圣人达人之情,故能尽人之用;后世以文法束人,以资格限人,又以兼长望人,天下事岂有济乎!

【注释】

① 野人:郊外务农的人。
② 马圉:养马的奴仆。

【译文】

孔子有一天出行,在路上其驾车的马挣脱缰绳跑去偷吃了农夫的庄稼,农夫非常生气,捉住马并把它关起来。子贡去要马,放下架子费尽说辞地恳求农夫把马放了,没想到农夫根本不理他。孔子说:"用别人听不懂的道理去说服他,就好比请野兽享用祭祀的太牢,请飞鸟聆听九韶般优美的音乐一样,根本是驴唇不对马嘴,当然也就不会有什么好效果。"于是孔子改派马夫前去要马,马夫对农夫说:"你从未离家到东海边去耕作,我也不曾到过西方来,但两地的庄稼却长得一模一样，马儿怎么知道那是你的庄稼而不能偷吃呢？"农夫听了觉得有道理，便把马儿还给马夫。

【评译】所谓物以类聚，人以群分。在粗人面前谈论《诗经》《尚书》，这是不知变通的迂腐儒生所误国误事的原因。马夫的话虽然很有道理，但这番话若从子贡口中说出，恐怕仍然让农夫难以接受。为什么呢？因为子贡和农夫两个人的学识相差太远，彼此在交涉之前就已经心存距离感。然而孔子为什么不要马夫先去，而任由子贡前去劝说农夫呢？这是因为孔子知道如果一开始就让马夫去，子贡心中一定不服气；如今不但子贡心中毫无怨言，也使得马夫因此有了表现的机会。圣人能通达事理人情，所以才能人尽其才。后世常以成文的法规来束缚人，以各种资格来限制人，以拥有多种长处来期望人。这样，天下之事怎么还能有成功的希望呢？

魏元忠

【原文】

唐高宗幸东都①，时关中饥馑。上虑道路多草窃，命监察御史魏元忠检校车驾前后。元忠受诏，即阅视赤县狱，得盗一人，神采语言异于众。命释桎梏②，袭冠带，乘驿以从，与人共食宿，托以诘盗。其人笑而许之，比及东都，士马万数，不亡一钱。

【评】因材任能，盗皆作使。俗儒以"鸡鸣狗盗之雄"笑田文③，不知尔时舍鸡鸣狗盗都用不着也。

【注释】

①东都：唐朝以洛阳为东都。
②桎梏：枷锁。
③田文：战国时齐人，号孟尝君，出任齐相，招纳天下贤士，门下食客常数千人。

【译文】

唐高宗要到东都洛阳，当时关中地区正发生饥荒。高宗担心路上会遭遇强盗，于是就命令监察御史魏元忠提前检查车驾所途经的路线。魏元忠受命后，去巡视了赤县监狱，看到一名盗匪，其言语举止异于常人。魏元忠命令狱卒打开他的手铐、脚镣，让他换上整齐的衣帽，乘车跟随着自己，并跟他生活在一起，要求他协助防范盗匪。这个人含笑答应了，等高宗车驾到了洛阳后，随行兵马虽多达万余人，却不曾丢失一文钱。

【评译】量才而用，强盗都可以成为使者。世俗之儒用养了一群"鸡鸣狗盗之徒"来奚落田文，却不知在当时除了鸡鸣狗盗之徒，其他人都派不上用场。

范文正

【原文】

范文正公①用士，多取气节而略细故，如孙威敏、滕达道，皆所素重。其为帅日，辟置僚幕客，多取谪籍②未牵复③人。或疑之，公曰："人有才能而无过，朝廷自应用之。若其实有可用之材，不幸陷于吏议，不因事起之，遂为废人矣。"故公所举多得士。

【评译】天下无废人，所以朝廷无废事，非大识见人不及此。

【注释】

① 范文正公：范仲淹，谥号文正。
② 谪籍：被贬职的官员。
③ 牵复：平反复职。

【译文】

范文正用人，一向注重气节才干，而不拘泥于小过节。有气节才智的人，大多不会拘泥于琐碎的小事，如孙威敏、滕达道等人都曾受到他的敬重。在他为帅的时候，其府中所用的幕僚，许多都是一些被贬官而尚未平反复职的人。有人觉得这样的事奇怪，文正公说："有才能而无过失的人，朝廷自然会任用他们。至于那些可用之才，不幸因事受到处罚，如果不趁机任用他们，就要变成真正的废人了。"因此文正公选拔的人，都是有才能的人。

【评译】如果天下没有被废弃的人，朝廷就不会有荒废的事情。不是非常有见识的人，是无法做到这一点的。

狄武襄

【原文】

狄青①起行伍十余年，既贵显，面涅②犹存，曰："留以劝军中！"

【评】既不去面涅,便知不肯遥附梁公③。

[注释]

①狄青:北宋名将,谥武襄。他出身行伍,后为范仲淹赏识提拔,范仲淹亲自教他兵法。

②面涅:面上刺字。宋时士兵面上都要刺字。

③梁公:唐代名相狄仁杰,封梁国公。此处指狄青保持自己原本的身份,不攀附豪门。

[译文]

宋朝名将狄青出身行伍之中,为军卒十余年才得以显达。然而显贵之后,脸上受墨刑染黑的痕迹却一直保留着,有人劝他除去,他说:"留下这墨迹可以鼓励军中的普通士卒奋发向上。"

【评译】从不肯除去脸上受墨刑染黑的痕迹来看,便知狄青绝不肯冒认唐朝名臣狄仁杰为祖先以抬高自己的身份地位。

张 飞

[原文]

先主①一见马超②,以为平西将军,封都亭侯。超见先主待之厚也,阔略③无上下礼,与先主言,常呼字。关羽怒,请杀之,先主不从。张飞曰:"如是,当示之以礼。"明日大会诸将,羽、飞并挟刃立直。超入,顾坐席,不见羽、飞座,见其直也,乃大惊。自后乃尊事先主。

【评】释严颜④，诲马超，都是细心作用，后世目飞为粗人，大枉。

【注释】

① 先主：刘备为蜀汉先主。
② 马超：东汉末割据诸侯，为曹操所败，投奔刘备。
③ 阔略：粗疏不谨慎。
④ 释严颜：张飞俘获严颜后劝降，严颜道："我州但有断头将军，无有降将军。"张飞以为壮士，释放了严颜。

【译文】

刘备见到马超很高兴，并立刻任命他为平西将军，封都亭侯。马超见刘备对待自己如此优厚，便不免有些傲慢，甚至疏忽了对主上的礼节，和刘备讲话时，常常直呼刘备的字。关羽非常生气，请求杀掉马超，刘备不肯。张飞说："像这种情形，应当用礼节来警示他。"第二天，刘备会见诸将，关羽、张飞手执兵器侍立刘备两边。马超一到，径直入座，但却没看到关羽和张飞的座位，只见二将侍立一旁，不由大吃一惊，极为惶恐。从此以后，马超恭敬地侍奉刘备。

【评译】释放严颜，警示马超，都是细心之人才能做得到的。后世把张飞当作粗人，实在是大大冤枉了他。

李 渊

【原文】

李渊①克霍邑，行赏时，军吏拟奴应募不得与良人同。渊曰："矢石之间，不辨贵贱；论勋之际，何有等差？宜并从本勋授。"

引见霍邑吏民，劳赏如西河，选其壮丁，使从军关中。军士欲归者，并授五品散官，遣归。或谏以官太滥，渊曰："隋氏②吝惜勋赏，致失人心，奈何效之？且收众以官，不胜于用兵乎？"

【注释】

① 李渊：唐高祖。
② 隋氏：指隋朝。

【译文】

唐高祖李渊攻下霍邑后，论功行赏时，军吏认为招募到的奴仆不应该和从军的百姓同等待遇。李渊说："在战场上打仗，弓箭和飞石之间冲锋，是不分贵贱的；所以评论战斗的功劳，就不应该有什么等级之别，而应该按照各人的实际表现给予赏赐。"

其后，李渊和霍邑的官吏百姓相见，就像原先犒赏西河官员百姓一样犒赏他们，并选拔其中的青壮年，动员他们参军。关中来的士兵要求回乡的，都赐给他们五品官的名衔放他们回去。有人劝说，这样赐官位岂不是给得太多，李渊说："隋朝就是因为舍不得论功行赏，以致失了军民之心。我们怎么可以效法呢？况且用官位来收揽民心，不是比用兵征服更好吗？"

卫 青

【原文】

大将军青①兵出定襄。苏建、赵信并军三千余骑，独逢单于兵。与战一日，兵且尽，信降单于，建独身归青。议郎周霸曰："自大将军出，未尝斩裨将。今建弃军，可斩以明将军之威。"长史安②曰："不然，建以数千卒当虏数万，力战一日，士皆不敢有二心。自归而斩之，是示后无反意也，不当斩。"青曰："青得以肺腑待罪行间，不患无威，而霸说我以明威，甚失臣意。且使臣职虽当斩将，以臣之尊宠，而不敢专诛于境外，其归天子，天子自裁之，于以风为人臣者不敢专权，不亦可乎？"遂囚建诣行在，天子果赦不诛。

【评】卫青握兵数载，宠任无比，而上不疑，下不忌，唯能避权远嫌故。不然，虽以狄枢使之功名，犹不克令终，可不戒欤？◎狄青为枢密使，自恃有功，颇骄蹇，怙惜③士卒。每得衣粮，皆曰："此狄家爷爷所赐。"朝廷患之。时文潞公当国，建言以两镇节使出之，青自陈无功而受镇节，无罪而出外藩。仁宗亦以为然，向潞公述此语，且言狄青忠臣。潞公曰："太祖岂非周世宗忠臣？但得军心，所以有陈桥之变。"上默然。青犹未知，到中书自辨，潞公直视之，曰："无他，朝廷疑尔。"青惊怖，却行数步。

青在镇，每月两遣中使抚问，青闻中使来，辄惊疑终日，不半年，病作而卒。潞公之谋也。

【注释】

①青：卫青，汉武帝名将，曾七次出击匈奴，威名显赫。元朔六年，复率六将军出定襄击匈奴，文中即指此事，下文的苏建、赵信俱为六将军之一。
②长史安：即任安，司马迁之友，此时任卫青长史。
③怙惜：放纵、爱惜。

【译文】

汉武帝时，大将军卫青出兵定襄攻击匈奴。苏建、赵信两位将领同率三千多骑兵行军，在途中遭遇单于军队。汉军和匈奴军苦战一天，士兵伤亡殆尽，赵信投降单于，苏建独身一人逃回大营。议郎周霸说："自从大将军出兵以来，从来没有处死过副将。现在苏建抛弃军队，独自逃回，可以杀他以显示大将军的威严。"长史任安说："这样不可以。苏建以数千骑兵去抵挡数万之敌，奋力作战一天，而士兵没有二心。如今他侥幸脱险，将军反而要杀他，岂非要告诉后人，以后遇到这种情况回来还不如向敌人投降吗？我认为不该杀苏建。"卫青说："我作为天子的外戚心腹之臣带兵出征，并不怕没有威严。周霸说要显示我的威严，这并不合我的心意。虽然论职权，我有权处死手下将官，但以我所受到天子的宠信，也不敢在塞外专擅生杀大权，而应该押回京师，请天子裁决，并可借此训示为人臣的不应擅自专权，这样做不是更好吗？"于是卫青命人把苏建押解到天子行在，后来汉武帝果然赦免了他。

【评译】 卫青掌兵权多年，深受宠信，天子对他没有疑心，属下对他也没有嫉妒之意。这正是因为他能避开过度的权威，远离各种嫌疑的缘故啊。若非如此，即使有北宋狄青般的显赫功勋，还是不能得到善终，这实在不能不引以为戒啊！◎狄青担任枢密院枢密使时，自恃功勋卓著，十分桀骜不驯，袒护士卒。士卒每次得到衣物粮食，都说："这是狄家爷爷赏赐的。"朝廷上下都以此为心头大患。当时文潞公在朝执政，建议仁宗让狄青出任两镇节度使以便让他离开朝廷。狄青上书说自己无功却受封节度使，无罪却又外放，心中很是委屈。仁宗也觉得他说得有道理，就向潞公述说了狄青的话，并说狄青是忠臣。潞公说："本朝太祖难道不是周世宗的忠臣吗？但因为得到军心，所以才会发生黄袍加身、陈桥兵变的事。"仁宗听了，默然无语。狄青尚不知道这事，到中书门下去为自己辩白。潞公盯着他，直截了当地说："没有其他原因，只是朝廷有些怀疑你罢了。"狄青吓得禁不住后退好几步。狄青到藩镇以后，仁宗每个月都派使者去慰问他两次。每次听说皇上的使者要来，狄青都会整日惊吓疑虑。结果不到半年，就得病去世了。这些都是文潞公的计谋啊。

李愬

【原文】

节度使李愬①既平蔡,械吴元济送京师。屯兵鞠场,以待招讨使裴度。度入城,愬具橐鞬②出迎,拜于路左。度将避之,愬曰:"蔡人顽悖,不识上下之分数十年矣。愿公因而示之,使知朝廷之尊。"度乃受之。

【注释】

① 李愬:唐名将,有谋略,善骑射,率师雪夜袭蔡州,生擒吴元济,平淮西,以功封凉国公。
② 具橐鞬:带上箭袋,指全副武装。

【译文】

唐朝宪宗时期,节度使李愬平定蔡州以后,将叛臣吴元济押送京师。李愬自己不进府衙,而是将军队临时驻扎在广场上,恭候招讨使裴度入城。裴度入城时,李愬全副武装谦恭出迎,在路左行拜见之礼。因李愬平叛功大,裴度欲回避,不敢受礼。李愬说:"蔡地之人性情顽固叛逆,不知上下尊卑之别已经几十年了。希望您借此训示他们,使他们知道朝廷的法度尊严。"裴度于是接纳了李愬的拜见之礼。

二、深谋远虑

【原文】

谋之不远,是用大简;人我迭居①,吉凶环转;老成借筹,宁深毋浅。集"远犹"。

【注释】

① 迭居:指地位轮替。

【译文】

谋略不够深远,就会轻率肤浅;别人与我的地位会更迭,吉凶祸福也会更替;因此筹划谋略必须老成周到,宁愿考虑得复杂深远也不能只顾眼前利益。集此为"远犹"卷,即深谋远虑也。

李 泌

【原文】

肃宗子建宁王倓性英果,有才略。从上自马嵬北行,兵众寡弱,屡逢寇盗,倓自选骁勇居上前后,血战以卫上。上或过时未食,倓悲泣不自胜。军中皆属目向之,上欲以倓为天下兵马元帅,使统诸将东征。李泌①曰:"建宁诚元帅才。然广平,兄也,若建宁功成,岂使广平为吴太伯②乎?"上曰:"广平,冢嗣也,何必以元帅为重?"泌曰:

"广平未正位东宫,今天下艰难,众心所属,在于元帅,若建宁大功既成,陛下虽欲不以为储副,同立功者其肯已乎?太宗、太上皇即其事也。"上乃以广平王俶为天下兵马元帅,诸将皆以属焉。倓闻之,谢泌曰:"此固倓之心也。"

【注释】

①李泌:唐名臣,唐肃宗李亨遇之甚厚,军国大事多与之商议。

②太伯:太伯是周太王长子,明白父亲喜爱弟弟季历的儿子昌,也就是后来的文王,就和弟弟仲雍逃到荆蛮地带,建立吴国。

【译文】

唐肃宗的儿子建宁王李倓为人英明果决,有雄才大略。他跟随唐肃宗从马嵬驿北上,因随行士兵人少而多老弱,多次遭遇盗匪。李倓亲自挑选骁勇的士兵在肃宗身边护卫,拼死保卫肃宗安全。肃宗有时不能按时吃上饭,李倓悲伤不能自已,为军中上下所赞赏。因此肃宗想封李倓为天下兵马大元帅,让他统领诸将东征。李泌说:"建宁王确实有元帅之才;然而广平王李俶毕竟是长兄,如果建宁王战功显赫,难道要让广平王成为第二个吴太伯吗?"肃宗说:"广平王是嫡长子,以后的皇位继承人,如何还需要去担当元帅之职来巩固自己的地位呢?"李泌说:"广平王尚未正式立为太子,现在国家艰难,众人心之所系都在元帅身上。如果建宁王立下大功,陛下即使不想立他做继承人,但是同他一起立下汗马功劳的人难道肯善罢甘休吗?太宗与太上皇（即唐高祖）之事就是最好的例子。"于是，肃宗任命广平王李俶为天下兵马元帅，要求诸将都服从他的号令。李俶听到这件事，向李泌致谢说："您这样做正符合我的心意。"

白起祠

【原文】

贞元中，咸阳人上言见白起①，令奏云："请为国家捍御四陲，正月吐蕃②必大下。"既而吐蕃果入寇，败去。德宗以为信然，欲于京城立庙，赠起为司徒。李泌曰："臣闻'国将兴，听于人'。今将帅立功，而陛下褒赏白起，臣恐边将解体矣。且立庙京师，盛为祷祝，流传四方，将召巫风。臣闻杜邮有旧祠③，请敕府县修葺，则不至惊人耳目。"上从之。

【注释】

① 白起：战国时秦国名将，封武安君，战胜攻取七十余城。
② 吐蕃：古代藏族建立的地方政权。
③ 杜邮有旧祠：秦昭王不许白起留咸阳，白起出咸阳西门四十里，至杜邮，被昭王赐剑，遂自杀。后人在杜邮立祠祭祀白起。

【译文】

唐德宗贞元年间，咸阳有人报告说看见了秦时名将白起，县令上奏说："朝廷应加强四方边塞的防卫，正月吐蕃一定会大举进兵入寇。"不久吐蕃果然入侵，很快兵败而去。德宗因而相信白起果真显圣，欲在京师为白起立庙，并追赠白起为司徒。李泌说："臣听说'国家要兴盛之时，一定会听信于人，而非鬼神'。如今将帅立功，而陛下却褒扬秦朝的白起，微臣恐怕以后边防将领会有所怨言而懈怠从事了。而且在京城立庙祭祀，影响甚大，定会流传出去，可能引起地方巫蛊迷信的风气。我听说杜邮有一座旧的白起祠，请陛下下诏让府县维修一下，这样也就不至于骇人视听了。"德宗采纳了他的建议。

戮 叛（二条）

【原文】

宋艺祖①推戴之初，陈桥守门者拒而不纳，遂如封丘门②，抱关吏望风启钥。及即位，斩封丘吏而官陈桥者，以旌其忠。

至正间，广东王成、陈仲玉作乱。东莞人何真请于行省③，举义兵，擒仲玉以献。成筑砦自守，围之，久不下。真募人能缚成者，予钱十千，于是成奴缚之以出。真笑谓成曰："公奈何养虎为害？"成惭谢。奴求赏，真如数与之。使人具汤镬，驾诸转轮车上。成惧，谓将烹己。真乃缚奴于上，促烹之。使数人鸣鼓推车号于众曰："四境有奴缚主者，视此！"人服其赏罚有章，岭表悉归心焉。

【评】高祖戮丁公而封项伯，赏罚为不均矣；光武封苍头④子密为不义侯，尤不可训。当以何真为正。

【注释】

①宋艺祖:宋太祖赵匡胤,宋代就有人称其为"宋艺祖"。

②陈桥守门句:汴京城北城墙一共四门,陈桥门为最东门,封丘门在其西。

③行省:行中书省的简称,是元代地方最高行政机构。

④苍头:奴仆别称。

【译文】

宋太祖赵匡胤刚刚黄袍加身的时候,陈桥门的守门官员拒绝让他进城。太祖无奈只好转到封丘门,封丘门守关吏见形势如此,老远就大开城门迎太祖进城。太祖即帝位以后,立即处死封丘门的官吏,而给陈桥门的守门官员加官晋爵,以表彰他的忠义。

元顺帝至正年间,广东人王成和陈仲玉起兵谋反。东莞人何真时任广东行省右丞,向行省请命,自己组建义兵,抓住了陈仲玉献给朝廷。而王成却在险要之处建寨自守,何真围攻了很久都难以攻破。于是,何真悬赏一万钱要捉拿王成,王成的家奴贪图小利,绑了主人来求赏,何真笑着对王成说:"你怎么养虎为患啊?"王成为此甚感惭愧。他的家奴请求赏钱,何真如数给了他,却又派人准备汤锅,并把汤锅架在转轮车上。王成很恐慌,以为何真要杀自己。但没想到何真却把那家奴绑起来放在汤锅上,催促部下将他煮了。何真又叫几个人敲鼓推车在大街上游行,当众宣布:"境内有家奴敢捆绑出卖主人的,以后都依照这种办法处理!"大家佩服他赏罚分明,岭南地区的人于是开始从内心里归顺朝廷。

【评译】汉高祖刘邦杀死私自放走自己的丁公,而封赏保护自己却愧对项羽的项伯,赏罚实在是不公平啊;汉光武帝封奴仆之子为不义侯,这种做法更不足取。何真的做法才是最值得称道的啊。

宋艺祖(三条)

【原文一】

初,太祖谓赵普曰:"自唐季①以来数十年,帝王凡十易姓,兵革不息,其故何也?"普曰:"由节镇太重,君弱臣强,今唯稍夺其权,制其钱谷,收其精兵,则天下自安矣。"语未毕,上曰:"卿勿言,我已谕矣。"顷之,上与故人石守信等饮,酒酣,屏左右,谓曰:"我非尔曹之力,不得至此,念汝之德,无有穷已。然为天子亦大艰难,殊不若为节度使之乐,吾今终夕未尝安枕而卧也。"守信等曰:"何故?"上曰:"是不难知:居此位者,谁不欲为之?"守信等皆惶恐顿首,曰:"陛下何为出此言?"上曰:"不然,汝曹虽无心,其如麾下之人欲富贵何?一旦以黄袍加汝身,虽欲不为,不可得也。"守信等乃皆顿首泣,曰:"臣等愚不及此,唯陛下哀怜,指示可生之路。"上曰:"人生如白驹过隙,所欲富贵者,不过多得金钱,厚自娱乐,使子孙无贫乏耳。汝曹何不释去兵权,择便好田宅市之,为子孙立永久之业,多置歌儿舞女,日饮酒相欢,以终其天年。君臣之间,两无猜嫌。不亦善乎?"皆再拜曰:"陛下念臣及此,所谓生死而骨肉也。"明日皆称疾②,请解兵权。

【评】或谓宋之弱,由削节镇之权故。夫节镇之强,非宋强也。强干弱枝,自是立国大体。二百年弊穴,谈笑革之,终宋世无强臣之患,岂非转天移日手段?若非君臣偷安,力主和议,则寇准、李纲③、赵鼎④诸人用之有余。安在为弱乎?

【原文二】

熙宁中,作坊以门巷委狭,请直而宽广之。神宗以太祖创始,当有远虑,不许。既而众工作苦,持兵夺门,欲出为乱。一老卒闭而拒之,遂不得出,捕之皆获。

神宗一日行后苑,见牧豭猪⑤者,问:"何所用?"牧者曰:"自太祖来,常令畜,自稚养至大,则杀之,更养稚者。累朝不改,亦不知何用。"神宗命革之,月余,忽获妖人于禁中,索猪血浇之,仓卒不得,方悟祖宗远虑。

【注释】

① 唐季:唐朝末年。

② 称疾:以生病为托词。

③ 李纲:字伯纪,两宋之交著名抗战派大臣,因对金人主战而被贬谪。

④ 赵鼎:字元镇,南宋大臣,因与秦桧政见不合,被谪岭南。

⑤ 豭猪:公猪。

【译文一】

　　当初,宋太祖对赵普说:"自从唐末以来短短数十年之间,天下称帝王者前后换了十多个,战乱不止,民不聊生,这是什么缘故呢?"赵普说:"这是由于藩镇太强,皇室太弱的缘故。如今应该逐渐削弱他们的兵权,限制他们的军饷,把他们的精锐部队收归中央,这样的话天下自然就能安定了。"赵普话未说完,太祖就说:"你不用再说,我已经明白了。"不久,太祖和老朋友石守信等人一起喝酒。喝到尽兴之时,太祖屏蔽左右侍从,说:"如果没有你们的协助,我就不会达到今天这种地步,想到你们的恩德,实在深厚无穷。然而做天子也非常艰难,实在不如当节度使时快乐。我现在整晚都内心忧虑,睡不好觉。"石守信等人问:"为什么呢?"太祖说:"这个不难明白:天子这个位子又有谁不想坐呢?"石守信等人都惶恐地叩头说:"陛下您为什么这样说?"太祖说:"你们自己虽然没有这样的意思,可是如果你们的部下想要富贵,有一天也把黄袍强加在你们身上,就算你们不想做也不行啊!"石守信等人叩头流涕道:"臣等愚蠢,都没有想到这一点,希望陛下可怜我们,给我们指点一条生路。"太祖说:"人生苦短,恰如白驹过隙,追求富贵亦不过是多得一些金钱,多一些享乐,使子孙不致贫困罢了。你们何不放弃兵权,购买良田美宅,为子孙立下永久的基业,再多安置些歌舞美女,每天喝酒作乐颐养天年。如此君臣之间也就不会互相猜疑,这样不是很好吗?"石守信等人再次拜谢说:"陛下这样体恤顾念我们,恩同再造。"到了第二天,这些人便都宣称自己生病，请求解除兵权。

【评译】有人说宋朝的衰弱，是由于削夺藩镇的兵权造成的。其实藩镇强大，并非朝廷的强大。强干弱枝才是立国之本。从安史之乱以来两百多年所累积的国家大害在谈笑间就消除了，在整个宋朝始终没有强臣之患，这难道不是极为高明的手段吗？如果不是宋朝君臣上下大都苟且偷安，力主和议，那么，任用寇准、李纲、赵鼎等人来对付北虏，就足够了，哪里会有衰弱之讥呢？

【译文二】

宋神宗熙宁年间，皇家作坊的工人认为坊间门巷弯曲狭窄多有不便，请求改直拓宽，神宗认为门巷尺度是太祖创制的，必有远虑，不同意改建。后来，很多人因为工作太苦，心生不满，手拿兵器想冲出来作乱。有一个老兵关门守卫，他们便都无法出来，全部被擒获。

有一天神宗在后苑里游玩，看见有人在放牧公猪，便问有什么用处，牧养的人说："自太祖以来，就命令养一只公猪，要把它从小养大，然后杀掉，再重新换养小的。几代都没有改变，也不知道到底有什么用。"神宗便命令把这件事取消了。一个多月以后，宫内忽然捉到施妖术的人，要找猪血来浇他却找不到，神宗这才领悟到祖先的远虑。

贡　麟

【原文】

交趾^①贡异兽，谓之麟。司马公^②言："真伪不可知。使其真，非自至不为瑞；若伪，为远夷笑。愿厚赐而还之。"

【评】方知秦皇,汉武之愚。

【注释】

① 交趾:古地名,今越南。
② 司马公:司马光,字君实,历官宋仁宗、英宗、哲宗三朝,著名史学家,著有《资治通鉴》。

【译文】

宋朝时,交趾国遣使向宋朝进贡一只珍奇异兽,说是麒麟。司马光说:"大家都不知道麒麟是什么样子,也不知道是真是假。如果是真的,但不是它自己出现的,就算不得吉祥的象征;如果是假的,恐怕还会被远方的夷狄所笑。圣上应该厚赏使者,让他带回去。"

【评译】这才知道秦皇信神,汉武改元的愚昧。

姚崇

【原文】

姚崇为灵武道大总管,张柬之等谋诛二张①,崇适自屯所还,遂参密议,以功封梁县侯。武后迁上阳宫,中宗率百官问起居②。五公相庆,崇独流涕。柬之等曰:"今岂流涕时耶?恐公祸由此始。"崇曰:"比与讨逆,不足为功。然事天后久,违旧主而泣,人臣终节也。由此获罪,甘心焉。"后五王被害,而崇独免。

【评】武后迁,五公相庆,崇独流涕。董卓诛,百姓歌舞,邕独惊叹。事同而祸福相反者,武君而卓臣,崇公而邕私也。然惊叹者,平日感恩之真心;流涕者,一时免祸之权术。崇逆知三思犹在，后将噬脐③，而无如五王之不听何也。吁，崇真智矣哉！

【注释】

①二张：张易之、张昌宗兄弟，为武则天宠爱，宫中称为五郎、六郎。

②问起居：请安。

③噬脐：自噬腹脐，比喻不可及，指后悔已晚。

【译文】

唐朝名臣姚崇任灵武道大总管的时候，张柬之等人谋划诛杀武后宠幸的张易之、张昌宗二人，正赶上姚崇从屯驻之地回京，就参与了这个秘密计划，后来因功封为梁县侯。把武后迁往上阳宫时，中宗率领百官前去问安。张柬之等人相互称庆，只有姚崇悲伤流泪。张柬之等人说："现在哪里是流泪的时候呢？这样会惹祸上身的。"姚崇说："和你们一起讨平叛逆，本不算什么功劳。然而侍奉武后已久，因为分别，所以伤心哭泣，这是人臣应有的节义。如果因此获罪，我也心甘情愿。"后来张柬之等人都被杀害了，只有姚崇幸免于难。

【评译】武后迁入上阳宫，五公相庆贺，只有姚崇流泪伤心。东汉时董卓被杀，百姓载歌载舞，只有蔡邕叹息不止。事情相同而遭遇的祸福却相反。因为武后是君，董卓是臣；姚崇为公，蔡邕为私的缘故。然而叹息是感恩的真心表现，流泪却是一时免祸的权术。姚崇想到武三思（武后的侄子）还在朝廷之上，日后必会报复，便不像其他几人那样忘乎所以。唉，姚崇真聪明啊！

杨荣

【原文】

王振谓杨士奇等曰:"朝廷事亏三杨①先生,然三公亦高年倦勤矣。其后当如何?"士奇曰:"老臣当尽瘁报国,死而后已。"荣曰:"先生休如此说,吾辈衰残,无以效力,行当择后生可任者以报圣恩耳。"振喜,翼日即荐曹鼐、苗衷、陈循、高谷等,遂次第擢用。士奇以荣当日发言之易②。荣曰:"彼厌吾辈矣,吾辈纵自立,彼其自已乎?一旦内中出片纸,命某人入阁,则吾辈束手而已。今四人竟是吾辈人,当一心协力也。"士奇服其言。

【评】李彦和《见闻杂记》云:"言官论劾大臣,必须下功夫看见眼前何人可代者,必贤于去者,必有益于国家,方是忠于进言。若只做得这篇文字,打出自己名头,毫于国家无补,不如缄口不言,反于言责无损。"此亦可与杨公之论合看。

【注释】

①三杨:指杨士奇、杨荣、杨溥。为明英宗时内阁学士,也是明朝著名大臣,并称"三杨"。
②易:轻易,不慎重。

【译文】

明朝宦官王振对杨士奇等人说:"朝廷的政事多亏三位杨先生的尽心尽力,然而三位先生年纪也大了,不知日后有什么打算呢?"杨士奇说:"老臣当竭诚报国,鞠躬尽瘁,死而后已。"杨荣说："先生别这样说，我们已经老了，无法再为朝廷效力，而是应推举一些可担当国事的后辈，来报答圣上的大恩。"王振听了很高兴。第二天，杨荣便上书举荐曹鼐、苗衷、陈循、高谷等人，这些人依次得到朝廷任用。杨士奇认为杨荣当天不应随便说那些话。杨荣说："王振已经很讨厌我们了，我们纵然能互相扶持，难道能改变他讨厌我们的心意吗？一旦大内传出只言片语，要命某人入阁，我们还是会束手无策。可现在这四个人毕竟都是我们的人，大家当同心协力才是。"杨士奇听后非常佩服他的远见卓识。

【评译】李彦和在《见闻杂记》中说："谏官要弹劾当政大臣，必须先下功夫仔细观察研究，看看当下谁能接替这个职位，而且必须要比被参劾的人更贤明，必须有益于国家，才算是忠于进谏。如果只顾作完这篇文章，打响自己的旗号，对国家没有丝毫益处，还不如闭口不言，反而可以无损于谏官的职责。"这种说法，可以和杨荣的观点相互参考。

程伯淳

【原文】

程颢为越州佥判，蔡卞为帅，待公甚厚。初，卞尝为公语："张怀素道术通神，虽飞禽走兽能呼遣之。至言孔子诛少正卯，彼尝谏以为太早；汉祖成皋相持，彼屡登高观战。不知其岁数，殆非世间人也！"公每窃笑之。及将往四明，而怀素且来会稽。卞留少俟，公不为止，曰："'子不语怪、力、乱、神'①，以不可训也，斯近怪矣。州牧既甚信重，士大夫又相诣合，下民从风而靡，使真有道者，固不愿此。不然，不识之未为不幸也！"后二十年，怀素败，多引名士。或欲因是染公，竟以寻求无迹而止。非公素论守正，则不免于罗织矣。

【评】张让，众所弃也，而太丘②独不难一吊；张怀素，众所奉也，而伯淳独不轻一见。明哲保身，岂有定局哉！具二公之识，并行不悖可矣！蔡邕亡命江海积十二年矣，不能自晦以预免董卓之辟；逮既辟，称疾不就，犹可也，乃因卓之一怒，惧祸而从，受其宠异，死犹叹息。初心谓何？介而不果，涅而遂缁，公论自违③，犹望以续史幸免，岂不愚乎？视太丘愧死矣！

《容斋笔记》云：会稽天宁观老何道士，居观之东廊，栽花酿酒，客至必延之。一日有道人貌甚伟，款门求见。善谈论，能作大字。何欣然款留，数日方去。未几，有妖人张怀素谋乱，即前日道人也。何亦坐系狱，良久得释。自是畏客如虎，杜门谢客。忽有一道人，亦美风仪，多技术。西廊道士张若水介之来谒，何大怒骂，合扉拒之。此道乃永嘉林灵噩，旋得上幸，贵震一时，赐名灵素，平日一饭之恩无不厚报。若水乘驿赴阙，官至蕊珠殿校籍，父母俱荣封。而老何以尝骂故，朝夕忧惧。若水以书慰之，始少安。此亦知其一不知其二之鉴也！

【注释】

① 子不语句：语出《论语》。

② 太丘：指东汉陈寔，因其曾任太丘县令。
③ 公论自违：公众的评论与自己的言论相悖逆。

【译文】

宋朝程颢担任越州佥判时，蔡卞为元帅，对待程颢颇为优厚。当初，蔡卞对程颢说："张怀素的道术非常神通广大，即使是飞禽走兽，也可以呼喝差遣。张怀素说孔子杀少正卯时，他曾劝孔子说杀得太早了；汉高祖和项羽在成皋作战相持不下时，他也曾多次登楼观战。不知道他现在有多大年纪了，大概不是世间的凡人吧！"程颢每次听了这样的话都偷笑不已。后来程颢去四明时，张怀素也正准备去会稽，蔡卞便示意程颢稍微等一下。程颢没有等他，说："孔子不谈怪力乱神之事，因为这些内容不适合教育学生，张怀素的所作所为也接近奇怪的迹象，州牧看重他，士大夫都逢迎他，老百姓更是盲目附和。真有道术的人是不会如此的，我向来不喜欢这些。更何况，不认识他也未必不是件好事。"二十年后，张怀素东窗事发，供出一些与他有关系的名人。有人想借机诬陷程颢，但后来因为找不到二人有丝毫的关系而作罢。如果不是因为程颢向来言行正直，没有漏洞可寻，就不免要被人陷害了。

【评译】张让是大家都讨厌的人，唯有陈寔却肯去吊祭他的父亲；张怀素是众人所推崇的，而独有程颢不肯与他见面。明哲保身，哪有固定的方法呢？如果能同时具有这两位先生的见识，不相违背而行就可以了。蔡邕逃亡隐居长达十二年之久，还是不能隐藏自己的才名而被董卓征召；即使被征召，他也还可以称病不去，但却因为害怕董卓生气,怕降祸于自己而最终顺从了。从此受到董卓的宠幸,最后还为董卓之死而叹息。蔡邕起初心志耿介却不能坚持到底,终于受到小人的影响,而违背自己的理念和言论,还希望继续修纂历史以求赦免,这不是很愚蠢吗?蔡邕比起太丘,真应该羞愧而死!

据《容斋笔记》记载:会稽天宁观的何道士,住在观里的东廊,平日种花酿酒,有客人来就热情招待。一天,有个道人登门求见,其人容貌俊伟,善于言谈,写得一手好字。何道士很高兴地招待他,此人待了好几天才离开。不久有妖人张怀素谋乱,而张怀素正是前日他招待的道人,何道士因此受到连累,在牢里待了很长时间才被释放出来。从此,何道士害怕客人就像害怕老虎一般,并关起门来谢绝拜访。某天忽然有一个道人,容貌也很俊美,又多才多艺,是西廊道士张若水介绍他来的,何道士不问青红皂白开口大骂,关起门来不让他进来。但没想到这位道士是永嘉的林灵噩,其不久之后得到皇帝宠幸,显贵一时,被赐名灵素。林灵素平日接受别人一点恩惠,无不加倍报答。张若水乘驿车到京城去,官至蕊珠殿校籍,父母也都受到封赏;而何道士则因为曾经骂过他的缘故,日夜都担心害怕。直到张若水写信安慰他,何道士才稍微安心了些。这些事件是可以作为只知其一,不知其二的借鉴吧。

李 晟

【原文】

李晟之屯渭桥也,荧惑守岁①,久乃退,府中皆贺曰:

"荧惑退，国家之利，速用兵者昌。"晟曰："天子暴露，人臣当力死勤难，安知天道邪？"至是乃曰："前士大夫劝晟出兵，非敢拒也。且人可用而不可使之知也。夫唯五纬盈缩不常，晟惧复守岁，则吾军不战自屈矣！"皆曰："非所及也！"

【评】田单欲以神道疑敌，李晟不欲以天道疑军。

【注释】

① 荧惑守岁：荧惑指火星，岁指木星。

【译文】

唐朝人李晟屯兵渭桥时，荧惑守岁，很久才退散开，府中的人都来道贺说："火星已退，国家的运气要好转了。此时赶紧用兵必能取胜。"李晟说："天子遇到危险困难，做臣子的应该尽力去排解保护，哪有时间去管天象的事呢？"又说："以前士大夫劝我出兵，我不是敢于拒绝。而是因为一般人只可命令他们做事，要使他们了解为何那样做则是不可能的。如果金木水火土五星运转不合常理，我自己又怕再次守岁，那我的军队不必作战就自己屈服了。"众人都说："我们都没能想到这层道理。"

【评译】田单想用神道来迷惑敌人，李晟则不想因天道变化而使士兵心存疑惑。

屏姬侍

【原文】

郭令公①每见客,姬侍满前。乃闻卢杞②至,悉屏去。诸子不解。公曰:"杞貌陋,妇女见之,未必不笑。他日杞得志,我属无噍类③矣!"

【评】 齐顷以妇人笑客,几至亡国。令公防微之虑远矣。王勉夫云:"《宁成传》末载:周阳由为郡守,汲黯、司马安④俱在二千石列,未尝敢均茵。司马安不足言也,汲长孺与大将军亢礼,长揖丞相,面折九卿,矫矫风力⑤,不肯为人下,至为周阳由所抑,何哉?周盖无赖小人,其居二千石列,肆方骄暴,凌轹同事,若无人焉。汲盖远之,非畏之也。异时河东太守胜屠公不堪其侵权,遂与之角,卒并就戮,玉石俱碎,可胜叹恨!士大夫不幸而与此辈同官,逊而避之,不失为厚,何苦与之较而自取辱哉!"

【注释】

①郭令公:郭子仪。令公,唐时凡任中书令的皆可称令公,郭子仪累官至太尉、中书令,故称。

②卢杞:唐德宗擢为门下侍郎、同中书门下平章事。有口才,得志后,险恶毕露,后贬为新州司马。

③噍类:会吃东西的人。

④司马安:汲黯的外甥。

⑤矫矫风力:形容刚直不阿,超出一般人。

【译文】

唐朝名将郭子仪每次见客,必定有侍女多人服侍左右。但一听说卢杞要来,他却让侍女全部回到后面去。他的儿子们都不明白这是为什么,郭令公说:"卢杞容貌丑陋,妇人见了,恐怕会笑话他的容貌。将来卢杞如果得志,我们就全活不成了。"

【评译】 齐顷公用后宫妇女来嘲笑客人,几乎导致亡国。郭令公防微杜渐、深思远虑,实在不是常人可及的啊。

王勉夫说:"《宁成传》篇末记载,周阳由任郡守时,汲黯、司马安都是二千石高官,却都不和周阳由平起平坐。司马安的身份地位不够,可以不谈;但汲黯敢于和大将军分庭抗礼,对宰相也只行长揖之礼,还敢当面指责公卿贵人,刚直的风范从不屈居人下,但是却为周阳由所压制,这是为什么呢?周阳由实在是无赖小人,他任二千石级的高官,放肆蛮横,欺凌同僚,旁若无人。汲黯其实是要远离他,而非怕他。后来河东太守胜屠公受不了周阳由的嚣张跋扈而和他争斗,最终一起被杀,玉石俱焚,这实在是令人惋惜。士大夫不幸和这种人同朝共事,应该远远地避开他,这样才是上策。何必和这种小人争斗,自取羞辱呢?"

三、以简驱繁

【原文】

世本无事，庸人自扰。唯通①则简，冰消日皎②。集"通简"。

【注释】

① 通：通达情理。
② 皎：白亮。

【译文】

世间本无事，庸人自扰之。只有通达之人，遇事才能化繁为简，就像太阳一出，自然就能化冰消雪。集此为"通简"一卷。

宋真宗

【原文】

宋真宗朝，尝有兵士作过，于法合死，特贷命，决脊杖二十改配①。其兵士高声叫唤乞剑②，不服决杖，从人把捉不得，遂奏取进止③。传宣云："须决杖后别取进止处斩。"寻决讫取旨，真宗云："此只是怕吃杖。既决了，便送配所，莫问。"

【注释】

① 配：发配。
② 乞剑：要求受剑而死。
③ 进止：处置意见。

【译文】

北宋真宗赵恒当朝时，有一个士兵犯了罪过，按法律应当处死。真宗饶他一命，判决打二十脊杖发配远方。这个士兵高声叫唤愿受剑处死，而不愿服处杖刑，执刑的人不知如何是好，于是向真宗奏请处理意见。殿上传宣圣旨道："必须先服杖刑后，再来听旨是否处斩。"不一会儿施过杖刑后，执刑者来取圣旨，真宗说："他只是害怕挨杖刑；既然已经打过了，就送去发配之地，别的不再问了。"

汉光武

【原文】

光武诛王郎①，收文书，得吏人与郎交关谤毁②者数千章。光武不省③，会诸将烧之，曰："令反侧子④自安！"

【评】宋桂阳王休范举兵浔阳，萧道成⑤击斩之。而众贼不知，尚破台军⑥而进。宫中传言休范已在新亭，士庶惶惑，诣垒投名者以千数。及至，乃道成也。道成随得辄烧之，登城谓曰："刘休范父子已戮死，尸在南冈下，我是萧平南⑦，汝等名字，皆已焚烧，勿惧也！"亦是祖光武之智。

【注释】

①王郎：王莽末年义军首领，自立为帝，后为光武帝刘秀所诛。
②交关谤毁：互相串通，毁谤刘秀的信件。
③不省：不理会。
④反侧子：指毁谤过刘秀，内心充满惶恐的人。
⑤萧道成：时为刘宋中领军，后废帝自立，为齐太祖。
⑥台军：朝廷军队，南朝时称朝廷为台。
⑦萧平南：萧道成曾为平南将军。

【译文】

汉光武帝处死王郎之后，获取他的文书，得到数千份官吏们与王郎交往的信函。光武帝一件也没有看，而是把手下诸将集合起来，下令将所有信件当众烧毁。他说："让原来反对过我的人可以安枕无忧！"

【评译】南朝宋时，桂阳王刘休范在浔阳城起兵谋反，被萧道成击破杀死。刘休范的兵众不知道情况，还在向官军进攻。宫中传说刘休范叛军已到达新亭，士大夫和百姓都惶恐不已，到叛军军营报名投降的有上千人。等到大军抵达，众人才知道是萧道成。萧道成接到投降名册就烧掉了，并登上城对他们说："刘休范父子已经被杀，尸体在南山下，我是萧道成，你们中投降的名字都已经烧了，不必害怕。"这大概也是效法光武帝安定人心的智计吧。

文彦博

【原文】

文潞公①知成都，尝于大雪会客，夜久不罢。从卒有谇语②，共拆井亭烧以御寒。军校白之，座客股栗。公徐曰："天实寒，可拆与之。"神色自若，饮宴如故。卒气沮，无以为变。明日乃究问先拆者，杖而遣之。

【评】气犹火也，挑之则发，去其薪则自熄，可以弭乱，可以息争。

苏轼通判密郡③。有盗发而未获，安抚使遣三班使臣领悍卒数十人入境捕之。卒凶暴恣行，以禁物诬民，强入其家，争斗至杀人，畏罪惊散。民诉于轼，轼投其书不视，曰："必不至此。"悍卒闻之，颇用自安。轼徐使人招出戮之。遇事须有此镇定力量，然识不到则力不足。

【注释】

① 文潞公：即文彦博，封潞国公。
② 谇语：牢骚话。
③ 密郡：即密州高密郡，今山东诸城。

【译文】

潞国公文彦博在成都任益州知府，曾经在一个大雪天宴请宾客，夜深了还没有散席。随从的士兵有人大发牢骚，并且把井亭拆掉烧了避寒。由于这是军校们指挥干的，所以席上的宾客听后都吓得心惊胆战。文彦博镇定地说："天气也确实冷,就让他们把井亭拆了去烤火吧。"说毕神色自若地继续照旧饮酒。随从的士兵们泄了气,再也没有找借口闹事。第二天,文彦博查清是谁先动手拆井亭后,把此人杖责一顿押送走了。

【评译】 怒气就像是火,越去挑拨它就越烧得旺,如果抽去木柴,就会自然熄灭。处置得当可以消弭祸乱,可以平息战争。

苏轼任密州通判时,有盗窃发生却没有捕获盗贼。安抚使派三班使臣率领强悍士卒数十人来捉捕盗贼。那些士卒凶暴放肆,以捕盗为名,强行进入民家,任意抢劫财物,最后杀了人,犯事后畏罪逃逸。老百姓向苏轼控诉,苏轼丢下诉状不去看它,说:"事情不可能到这种地步。"那些杀人的士卒听到这话,便放下心来。之后,苏轼才慢慢派人把他们捉来处死。遇事就需要这种镇定的力量,然而如果见识不够,力量也就不足。

韩 愈

【原文】

韩愈①为吏部侍郎。有令史②权势最重,旧常关锁,选人③不能见。愈纵之,听其出入,曰:"人所以畏鬼者,以其不能见也;如可见,则人不畏之矣!"

【评】 主人明,不必关锁;主人暗,关锁何益?

【注释】

①韩愈：唐代思想家，文学家，通六经百家之学，为唐宋八大家之一。
②令史：三省六部及御史台的低级事务员。
③选人：候补任用的官员。

【译文】

唐代韩愈曾任吏部侍郎。吏部的吏员中令史的权势最重，因为吏部过去常关门上锁，等待选补任命的官员不能到吏部随意观看。韩愈上任后，将门锁打开，任凭候选官员出入，他说："人们之所以怕鬼，是因为见不到鬼；如果能够看得见，那么人们就不会怕鬼了。"

【评译】主人光明正大，就不必关门；主人阴暗不轨，关门又有什么用呢？

裴晋公

【原文】

公①在中书，左右忽白以失印。公怡然，戒勿言，方张宴举乐，人不晓其故。夜半宴酣，左右复白印存，公亦不答，极欢而罢。人问其故，公曰："胥吏辈盗印书券，缓之则复还故处，急之则投水火，不可复得矣。"

【评】不是矫情镇物，真是透顶光明。故曰"智量"，智不足，量不大。

【注释】

①公:裴度,封晋国公。

【译文】

唐朝人裴度担任中书省长官之时,有一天,身边的人忽然告诉他印章丢了,裴公仍旧怡然自得,警告他们不要声张。接着,又令布置宴会,弹奏音乐,人们并不知晓丢印之事。半夜酒饮得畅快时,身边的人又告诉他印章找到了,裴公也不回答。宴会尽欢而散。有人问他为什么不去寻找,裴公说:"手下的小官盗印章去书写契券,写完就会放回原处。逼急了他们反而会恼羞成怒毁掉印章,那样就再也找不回来了。"

【评译】这并非故作安闲,以示镇静,实在是聪明绝顶。所以有"智量"之说,智慧不足,度量就不会大。

郭子仪(二条)

【原文】

汾阳王①宅在亲仁里,大启其第,任人出入不问。麾下将吏出镇来辞,王夫人及爱女方临妆,令持帨汲水,役之不异仆隶。他日子弟列谏,不听;继之以泣,曰:"大人功业隆赫,而不自崇重,贵贱皆游卧内,某等以为虽伊、霍②不当如此。"公笑谓曰:"尔曹固非所料。且吾马食官粟者五百匹,官饩者一千人,进无所往,退无所据。向使崇垣扃户③,不通内外,一怨将起,构以不臣,其有贪功害能之徒成就其事,则九族齑粉,噬脐莫追。今荡荡无间,四门洞开,虽谗毁欲兴,无所加也!"诸子拜服。

鱼朝恩④阴使人发郭氏墓,盗未得。子仪自泾阳来朝,帝唁之,即号泣曰:"臣久主兵,不能禁士残人之墓。今人亦发先臣墓,此天谴,非人患也!"朝恩又尝修具邀公,或言将不利公,其下愿裹甲以从。子仪不许,但以家僮数人往。朝恩曰:"何车骑之寡?"子仪告以所闻。朝恩惶恐曰:"非公长者,得无致疑!"

【评】德宗以山陵近,禁屠宰。郭子仪之隶人犯禁,金吾将军⑤裴谞奏之。或谓曰:"君独不为郭公地乎?"谞曰:"此乃所以为之地也。郭公望重,上新即位,必谓党附者众,故我发其小过,以明郭公之不足畏,不亦可乎?"若谞者,可谓郭公之益友矣。◎看郭汾阳,觉王翦、萧何家数便小。

精于黄老之术,虽朝恩亦不得不为盛德所化矣。君子不幸而遇小人,切不可与一般见识。

【注释】

① 汾阳王:郭子仪,封汾阳郡王。
② 伊、霍:伊尹,商汤之臣;霍光,受汉武帝顾命辅佐昭帝。皆是历史上的名相。
③ 崇垣扃户:围墙高立,门户紧闭。
④ 鱼朝恩:宦官,恃宠骄横,后为唐代宗下令缢杀。
⑤ 金吾将军:掌京都警戒之官。

【译文】

唐代汾阳郡王郭子仪的住宅建在京都亲仁里,他的府门经常大开，任凭人们出入并不查问。他属下的将官们出外任藩镇之职来府中辞行，郭子仪的夫人和女儿正在梳妆，就让这些将官们拿手巾、打洗脸水，像对仆人一样役使他们。后来有一天，家中子弟们都来劝谏郭子仪不要这样做，他不听。子弟们继续劝说，说着说着竟然哭了起来，他们说："大人功勋显赫可是自己不尊重自己，不论贵贱人等都能随便出入卧室之中。我们觉得即使是历史上有名的伊尹、霍光这些德高望重的大臣，也不会这样做。"郭子仪笑着对他们说："我这样做是你们所考虑不到的。而且我们家由公家供给五百匹马的粮草，一千人的伙食费用，想进已达到顶点要退也没有退处。假如我们家筑起高墙、关紧门户，内外密不相通，一旦有人结怨报复，就会编造我们种种越出臣子本分的罪状。如果有贪功害贤之人从中陷害成功，我们家将九族人都化为齑粉，后悔莫及。现在家中坦坦荡荡毫无遮拦，四门大开随便出入，即使有人想加以毁谤，也找不出借口来！"这番话说得子弟们一个个佩服不已。

唐代宗时，宦官鱼朝恩暗地派人盗挖郭子仪家族的墓地，未能偷到什么东西。郭子仪从驻地泾阳回京朝拜皇上，皇上就盗墓之事向郭子仪表示慰问，郭子仪当即哭着说："微臣长期领兵在外，未能禁止士兵掘毁别人的坟墓，现在有人盗掘微臣祖上的坟墓，这是老天爷对我的惩罚，不能怪别人啊！"鱼朝恩又曾经备下酒宴请郭子仪，有人说这是鱼朝恩想害郭子仪，部下们闻说愿意穿着铠甲随从而往。郭子仪不同意，只带着几个家僮前往赴宴。鱼朝恩问道："为什么随从的车马这样少呀？"郭子仪把听到的话告诉给他，鱼朝恩害怕地说:"如果不是像您这样贤明的人,能不产生疑虑吗!"

【评译】 唐德宗下令禁止在帝王陵墓的附近进行屠宰。郭子仪的一个仆隶犯了禁令,金吾卫将军裴谞把此事奏报给了皇帝。有人说:"你难道不能给郭公留点面子吗?"裴谞说:"我如此做正是为郭公着想啊!郭公德高望重,而皇上即位不久,一定会认为他党羽庞大,所以我才检举他的小过失,以表明郭公是不必畏惧的,不是很好吗?"裴谞此人,真可说是郭公的益友。◎比起郭子仪来,萧何、王翦的避祸方式就显得器量太小了。

为人最好能懂得黄老之术,这样即使遇到了像鱼朝恩这样的阴险小人,还是会被郭子仪的盛德所感化。如果君子不幸遇到小人,切不可跟他一般见识。

牛 弘

【原文】

奇章公牛弘①有弟弼,好酒而酗。尝醉,射杀弘驾车牛。弘还宅,妻迎谓曰:"叔射杀牛。"弘直答曰:"可作脯②。"

【评】 冷然一语,扫却妇人将来多少唇舌!睦伦者当以为法。

【注释】

① 牛弘:隋初为秘书监,后拜吏部尚书,封奇章郡公,史称"大雅君子"。

② 脯:肉干。

【译文】

隋朝奇章郡公牛弘有个弟弟叫牛弼,爱喝酒而且常常酒后闹事。有一次他喝醉后,将牛弘驾车的牛射死了。牛弘回到家,他老婆迎上去告诉他:"小叔子把牛射死了!"牛弘直接答道:"那就做成牛肉干吧!"

【评译】冷静的一句话,便扫除了妇人后来的多少口舌,希望家庭和睦的人都应以此为榜样。

四、游刃有余

【原文】

危峦前阨①,洪波后沸,人皆棘手,我独掉臂②。动于万全,出于不意;游刃有余,庖丁之技。集"迎刃"。

【注释】

① 阨:阻塞。
② 掉臂:挥动手臂,谓有所作为。

【译文】

前面有险峰阻路,后面又有洪水逼来之时,人人都会感到棘手惶遽,我却要振作。掌握全局而后动,一动就要出其不意;游刃有余,犹如庖丁解牛之技一样。集此为"迎刃"一卷。

子产

【原文】

郑良霄①既诛,国人相惊,或梦伯有。介②而行,曰:"壬子余将杀带,明年壬寅余又将杀段!"驷带及公孙段果如期卒,国人益大惧。子产立公孙泄(边注:泄,子孔子,孔前见诛)及良止(边注:良霄子)以抚之,乃止。子太叔问其故,子产曰:"鬼有所归,乃不为厉。吾为之归也。"太叔曰:"公孙何为?"子产曰:"说也。"(边注:以厉故立后,非正,故并立泄,比于继绝之义,以解说于民。)

【评】不但通于人鬼之故,尤妙在立泄一着。鬼道而人行之,真能务民义而不惑于鬼神者矣!

【注释】

① 郑良霄:字伯有,春秋时郑国大夫,专政自用,为诸大夫讨伐而死。
② 介:带甲。

【译文】

春秋郑简公二十三年(前543)时,大夫良霄因专权,被驷带、公孙段等诸大夫群起而诛杀。七年之后,郑国又有人因此事受到惊扰。有人在梦中见伯有(良霄字伯有)全身胄甲,披挂而来,对其说道:"壬子日我要把驷带杀掉,明年的壬寅日我还要杀死公孙段!"而驷带与公孙段果然在这两天相继死去,于是,与诛杀良霄有关联的人们更加震惊恐惧起来。子产是良霄被诛后立为郑国执政的。这些事情发生后,他把良霄的儿子良止和以前也被诛杀的大夫子孔的儿子公孙泄重新立为大夫,以安抚他们,这些事情才不再发生。子产的继任者子太叔问其缘故,子产回答:"死人的鬼魂没有归宿,就成为无主游魂,成为厉鬼而搅扰人。把他们的儿子重新立为大夫,就是为了能够有人祭祀他们,使他们有归宿。"太叔又问:"那么立公孙泄为大夫是为什么?"子产说:"是为了以继绝的名义向国人解说。"(边注:因鬼发厉而立其后人,并非正道,故而也立了公孙泄,从而使人民明白立良止是为了接续祭祀。)

【评译】子产不但通达人鬼之事,更妙的是立公孙泄这一招。鬼道由人来实行,真是一心为民而又不迷惑于鬼神。

主父偃

[原文]

汉患诸侯强,主父偃①谋令诸侯以私恩自裂地,分其子弟,而汉为定其封号;汉有厚恩而诸侯渐自分析弱小云。

[注释]

①主父偃:汉武帝时人,为中大夫,上"推恩法"于武帝,即本条所言之谋。

[译文]

西汉时武帝担心诸侯势力强盛,主父偃出谋令各诸侯王可以用私恩划分土地分给自己的子弟,再由汉室为其确定封号。自此,汉室有了广厚的恩泽而各诸侯逐渐分崩离析势力弱小了。

裴光庭

【原文】

张说以大驾^①东巡,恐突厥乘间入寇,议加兵备边,召兵部郎中裴光庭谋之。光庭曰:"封禅,告成功也,今将升中于天而戎狄是惧,非所以昭盛德也。"说曰:"如之何?"光庭曰:"四夷之中,突厥为大。比屡求和亲,而朝廷羁縻未决许也。今遣一使,征其大臣从封泰山,彼必欣然承命。突厥来,则戎狄君长无不皆来,可以偃旗卧鼓,高枕有余矣。"说曰:"善!吾所不及。"即奏行之。遣使谕突厥,突厥乃遣大臣阿史德颉利发入贡,因扈从^②东巡。

【注释】

① 大驾:皇帝出行的队伍。
② 扈从:随侍帝王出巡。

【译文】

唐玄宗开元十三年(725),宰相张说考虑到天子大驾东去泰山封禅,恐怕突厥乘机侵犯边境,主张加派军队守备边防。他找来兵部郎中裴光庭一同商量这件事。裴光庭说:"天子封禅,是向天下表明治国的成功。现在将要宣告成功的时候却害怕突厥的入侵,这就显示不出大唐的强盛和功德了。"张说问道:"那怎么办呢?"裴光庭答道:"四方的夷国之中,突厥是个大国,他们屡次要求与朝廷和亲,可是朝廷一直犹豫不决没答应。现在派遣一名使者,征求突厥国派一名大臣,随从天子来泰山封禅,他们必定欣然从命。只要突厥来人,那么其他外族的君长就没有不来的了。这样,边境上可以偃旗息鼓,高枕无忧了!"张说道:"对!你的见解是我所不及的。"张说立即向天子奏明,按裴光庭的建议执行,派遣使者告知突厥。突厥于是派遣大臣阿史德颉利发入朝进贡,接着随从天子去泰山封禅。

陈 平

【原文】

燕王卢绾反,高帝使樊哙以相国将兵击之。既行,人有短恶哙者,高帝怒,曰:"哙见吾病,乃几①吾死也!"用陈平计,召绛侯周勃受诏床下,曰:"平乘驰传②载勃代哙将。平至军中,即斩哙头!"二人既受诏行,私计曰:"樊哙,帝之故人,功多。又吕后女弟吕媭夫,有亲且贵。帝以忿怒故欲斩之,即恐后悔。宁囚而致上,令上自诛之。"平至军,为坛,以节召樊哙。哙受诏节,即反接载槛车诣长安,而令周勃代,将兵定燕。平行,闻高帝崩,平恐吕后及吕媭怒,乃驰传先去。逢使者,诏平与灌婴屯于荥阳。平受诏,立复驰至宫,哭殊悲,因奏事丧前。吕太后哀之,曰:"君出休矣。"平因固请,得宿卫中,太后乃以为郎中令,曰:"傅教帝。"是后吕媭谗乃不得行。

【评】谗祸一也,度近之足以杜其谋,则为陈平;度远之足以消其忌,则又为刘琦。宜近而远,宜远而近,皆速祸之道也。

刘表爱少子琮,琦惧祸,谋于诸葛亮,亮不应。一日相与登楼，去梯，琦曰："今日出君之口，入吾之耳，尚未可以教琦耶？"亮曰："子不闻申生在内而危，重耳在外而安乎？"琦悟。自请出守江夏。

【注释】

① 几：盼望。
② 驰传：四匹良马所拉的驿车，紧急时方动用。

【译文】

西汉初，燕王卢绾发动叛乱，高帝（高祖）刘邦正在生病，就命令樊哙以相国的身份领兵进击。即将出发的时候，有人散布流言蜚语，诬告樊哙。刘邦发怒了，说："樊哙见我生病，竟然盼望我死！"他便用陈平的计谋，召绛侯周勃二人受诏于床前，命令道："陈平驾驭急命驿车，速载周勃到樊哙军中去代替他的职务。陈平到樊哙军中之后，要立即将樊哙斩首。"陈周二人受过诏后，私下商议说："樊哙是皇帝的故亲，平生功绩颇多，又是吕后妹妹吕嬃的丈夫，既亲且贵，皇帝在激愤的情绪之中想处斩樊哙，恐怕他以后后悔。我们不如把樊哙拘禁起来送交皇帝，使皇帝自己把樊哙诛杀。"陈平到了樊哙军中后，令人做坛，以节杖召来樊哙。樊哙拜受诏节后，就反缚其臂乘坐囚禁犯人的车到长安去，于是周勃代替樊哙领兵定燕。陈平囚樊哙行至路上，听说皇帝驾崩，恐怕吕后和吕嬃迁怒于他，就让囚车先去长安。后来，陈平遇到朝廷使者，命令陈平与灌婴驻守荥阳。陈平接受诏书后，立刻急驰进宫，大声痛哭，趁着出丧之前向太后禀奏前事。吕太后对陈平表示了同情，说:"你出去的这件事就算了吧!"陈平趁此坚持请求太后让他任住宿宫中的护卫一职,于是太后任命他为郎中令,负责掌管宫殿护卫,太后并且说:"你还要教导、辅佐皇帝。"但此后因受到吕嬃的谗言而未能这样执行。

【评译】同样是遭到谗言的祸患,谋划当前而足以防止谗言,这是陈平的做法;谋划长远而足以防止谗言,这是刘琦的做法。该近而远,该远而近,这些都会加速祸害的降临。

刘表喜爱小儿子刘琮,长子刘琦怕有祸临身,便找诸葛亮问计,诸葛亮却一直没有回答他。有一天,两个人一起登楼,上楼之后,刘琦让人把梯子拿掉,对诸葛亮说:"现在从您口中说出的话,只会进入我的耳朵,绝对不会有第三者听到,您还不能教我吗?"诸葛亮说:"你没听说过同为晋献公的儿子,申生留在国内是危险的,重耳逃到国外反而安全吗?"刘琦恍然大悟,遂自请外放镇守江夏。

于 谦

【原文】

永乐间降虏多安置河间、东昌等处,生养蕃息,骄悍不驯。方也先入寇时,皆将乘机骚动,几至变乱。至是发兵征湖、贵及广东、西诸处寇盗。于肃愍①奏遣其有名号者②,厚与赏犒,随军征进。事平,遂奏留于彼。于是数十年积患,一旦潜消。

【评】用郭钦徙戎之策而使戎不知,真大作用。

【注释】

① 于肃愍：于谦，明景帝时为兵部尚书，加少保，总督军务。明英宗复辟后为人构陷被杀，追赠太傅，谥肃愍，后改谥忠肃。

② 有名号者：指大小首领。

【译文】

明永乐年间，成祖把多次征北战争中的降虏大都安置在了河间、东昌一带，经过生养繁衍，形成了一个骄悍不驯的群体。到正统年间，正当北方瓦剌部落的也先进犯京师的时候，他们都想乘机骚动，以致几乎酿成变乱。直到景泰年间，朝廷发兵镇压湖、贵及广东、广西等处的民众造反时，于肃愍（于谦的谥号）奏请皇上，派遣降虏后人中的大小首领，厚以赏犒，让他们随军征进。事情结束后，经过奏请，他们就留到了这些地方。于是，数十年的积患，悄悄地消除了。

【评译】于谦用晋朝郭钦的徙戎之策，却能使戎狄毫无所知，真是高明得很啊。

刘大夏 张居正

【原文】

庄浪土帅鲁麟①为甘肃副将，求大将②不得，恃其部落强，径归庄浪，以子幼请告。有欲予之大将印者，有欲召还京，予之散地者。刘尚书大夏独曰："彼虐，不善用其众，无能为也。然未有罪。今予之印，非法；召之不至，损威。"乃为疏,奖其先世之功③,而听其就闲。麟卒怏怏病死。

黔国公沐朝弼,犯法当逮。朝议皆难之,谓朝弼纲纪之卒且万人,不易逮,逮恐激诸夷变。居正④擢用其子,而驰单使缚之,卒不敢动;既至,请贷其死,而锢之南京,人以为快。

【评】奖其先则内愧,而怨望之词塞;擢其子则心安,而巢穴之虑重。所以罢之锢之,唯吾所制。

【注释】

① 土帅:由当地土司担任的军职。鲁麟是庄浪卫世袭指挥。
② 大将:即总兵。
③ 先世之功:鲁麟的父亲曾领兵平叛,官至甘肃总兵。
④ 居正:张居正,明万历间首辅,大政治家。

【译文】

明代,庄浪土帅鲁麟是甘肃副将,他因争甘肃大将的官职没有成功,便依仗自己部落的势力强大,直接回到庄浪,以儿女年幼为由请假告休。对此,朝中议论纷纷,有主张把大将印玺授予他的,有主张召他进京,给他个闲散职务的。尚书刘大夏排斥众议,说道:"鲁麟性情残暴,不善于使用民众,是没有作为的。然而他没有犯罪,现在,给他大将之印,不合法制;召之不来,有损威信。"于是给皇帝奏议,奖励鲁麟先世的忠勇功绩,然后再听任其在家住闲。

鲁麟最终怏怏病死。

明黔国公沐朝弼犯法应当逮捕。朝臣们议论时，都感到这件事很难办，说沐朝弼府中士卒近万人，不易逮捕，逮捕时恐怕激成兵变。首辅张居正就提拔了沐朝弼儿子的官职，并专派使者驰往沐府将沐朝弼擒获，府中士卒不敢动手。捉来沐朝弼后，张居正请求赦免他的死罪，把他禁锢在南京，人们都感到很痛快。

【评译】褒奖鲁麟的祖先，这样就使他内心愧疚而无从发出抱怨的言辞；提拔沐朝弼的儿子，使他心安而内部出现猜疑之心。因而不论是罢黜，还是禁锢，全都在我的掌握之中。

吕夷简

[原文]

西鄙用兵，大将刘平战死。议者以朝廷委宦者监军，主帅节制有不得专者，故平失利。诏诛监军黄德和，或请罢诸帅监军。仁宗以问吕夷简，夷简对曰："不必罢。但择谨厚者为之。"仁宗委夷简择之。对曰："臣待罪宰相，不当与中贵私交，何由知其贤否？愿诏都知、押班①，但举有不称者，与同罪。"仁宗从之。翼日，都知叩头乞罢诸监军宦官。士大夫嘉夷简之有谋。

【评】杀一监军，他监军故在也；自我罢之，异日有失事，彼借为口实，不若使自请罢之为便。文穆②称其有宰相才,良然。惜其有才而无度,如忌富弼,忌李迪,皆中之以小人之智,方之古大臣,邈矣!◎李迪与夷简同相,迪尝有所规画,吕觉其胜,或告曰:"李子柬③之虑事,过于其父。"夷简因语迪曰:"公子柬之才可大用。"即奏除两浙提刑,迪父子皆喜。迪既失柬,事多遗忘,因免去。方知为吕所卖。

【注释】

① 都知、押班:俱为宋代宦官官职。

② 文穆:吕蒙正,谥文穆,吕夷简之叔。

③ 李子柬:李迪之子李柬之,仁宗时官至龙图阁直学士。

【译文】

北宋仁宗时,西部边疆发生战争,大将刘平阵亡。朝中舆论认为,朝廷委派宦官做监军,致使主帅不能全部发挥自己的指挥作用,所以刘平失利。仁宗下诏诛杀监军黄德和,有人上奏请求把各军元帅的监军全部罢免掉。仁宗为此征求吕夷简的意见,吕夷简回答说:"不必罢免,只要选择为人谨慎的宦官去担任监军就可以了。"仁宗委派吕夷简去选择合适的人选,吕夷简又回答说:"我任职宰相,不应当和宦官交往,怎么知道他们是否贤良呢?希望皇上命令都知、押班,只要是他们所荐举的监军,如有不胜任其职务的,与监军共同治罪。"仁宗采纳了吕夷简的意见。第二天,都知、押班在仁宗面前叩头,请求罢免各监军的宦官。朝中士大夫都称赞吕夷简有谋略。

【评译】 杀掉一个监军,还会有其他的监军存在;由我罢除,将来一旦有过失,他们就会拿我来当借口,还不如让他们自己主动请求罢除,这样对公对私都有好处。吕蒙正称吕夷简有宰相之才,实在没错。可惜他有才干而无度量,例如他忌妒富弼、李迪,都用小人的才智陷害他们,比起古代名臣的风范气度,还是相差得太远了。◎李迪与吕夷简同任宰相。李迪曾经为朝廷提出一个建议,而吕夷简觉得自己不如他。有人说:"李柬之考虑事情更胜过他的父亲。"吕夷简就告诉李迪说:"令郎柬之的才智可以好好借重。"于是禀奏天子命李柬之为两浙提刑。李迪父子都很高兴。李柬之赴任以后,不能凡事提醒李迪。李迪年老健忘,因而被免除宰相之职。李迪才发现这正是吕夷简的阴谋。

书 目

001. 三字经
002. 百家姓
003. 千字文
004. 弟子规
005. 幼学琼林
006. 增广贤文
007. 格言联璧
008. 龙文鞭影
009. 成语故事
010. 声律启蒙
011. 笠翁对韵
012. 千家诗
013. 四书
014. 五经
015. 诗经
016. 易经
017. 论语
018. 孟子
019. 老子
020. 庄子
021. 鬼谷子
022. 诸子百家哲理寓言
023. 战国策
024. 史记
025. 三国志
026. 快读二十四史
027. 中国历史年表
028. 贞观政要
029. 资治通鉴
030. 中华上下五千年·夏商周
031. 中华上下五千年·春秋战国
032. 中华上下五千年·秦汉
033. 中华上下五千年·三国两晋
034. 中华上下五千年·隋唐
035. 中华上下五千年·宋元
036. 中华上下五千年·明清
037. 孙子兵法
038. 诸葛亮兵法
039. 三十六计
040. 六韬·三略
041. 孝经·忠经
042. 孔子家语
043. 颜氏家训
044. 了凡四训
045. 曾国藩家书
046. 素书
047. 长短经
048. 本草纲目

- 049. 黄帝内经
- 050. 菜根谭
- 051. 围炉夜话
- 052. 小窗幽记
- 053. 挺经
- 054. 冰鉴
- 055. 楚辞经典
- 056. 汉赋经典
- 057. 唐诗
- 058. 宋词
- 059. 元曲
- 060. 豪放词
- 061. 婉约词
- 062. 李白·杜甫诗
- 063. 红楼梦诗词
- 064. 最美的诗
- 065. 最美的词
- 066. 文心雕龙
- 067. 天工开物
- 068. 梦溪笔谈
- 069. 山海经
- 070. 徐霞客游记
- 071. 古文观止
- 072. 唐宋八大家散文
- 073. 最美的散文（世界卷）
- 074. 最美的散文（中国卷）
- 075. 朱自清散文
- 076. 人间词话
- 077. 喻世明言
- 078. 警世通言
- 079. 醒世恒言
- 080. 初刻拍案惊奇
- 081. 二刻拍案惊奇
- 082. 笑林广记
- 083. 世说新语
- 084. 太平广记
- 085. 容斋随笔
- 086. 浮生六记
- 087. 牡丹亭
- 088. 西厢记
- 089. 四库全书
- 090. 中华句典
- 091. 说文解字
- 092. 姓氏
- 093. 茶道
- 094. 奇趣楹联
- 095. 中华书法
- 096. 中国建筑
- 097. 中国文化常识
- 098. 中国文明考古
- 099. 中国文化与自然遗产
- 100. 中国国家地理